Hipérbola Janus

Arthur Moeller van den Bruck

El hombre político

El hombre político

Título original: *L'uomo politico*
Arthur Moeller van den Bruck, 1916–1925

Primera edición en español: enero 2015
ISBN–13: 978–1507555316

Diseño de portada y maquetación: Miguel Ángel Sánchez López

Ejemplar impreso bajo demanda.

Consúltese las atribuciones de las imágenes en el apartado «Atribuciones de las imágenes»

Este libro se ha desarrollado íntegramente con software libre de código abierto.

Índice general

Introducción

Por Ángel Fernández Fernández

EL libro que el lector tiene entre sus manos constituye una novedad editorial de primer orden en nuestro país. Se trata de un conjunto de artículos y escritos de variada temática donde se prefiguran muchos de los elementos que caracterizarían al movimiento intelectual, florecido durante la decadente república de Weimar, conocido como la *Konservative Revolution*. Si tuviésemos que personalizar los inicios este movimiento en un autor, éste sería, sin duda, Moeller Van den Bruck. El compendio de escritos que ofrecemos en esta obra abarcan un periodo que va desde 1916 hasta 1925, fecha en la cual, el autor alemán decidió quitarse la vida ante el aislamiento ideológico en que se hallaba. Existe otra obra, más conocida y celebrada, titulada *Das dritte Reich* y publicada en 1923, y recientemente publicada por nuestro sello editorial. No obstante, la edición original de la obra que nos ocupa, recogiendo el conjunto de escritos que la componen, no sería publicada hasta el año 1933, fecha en que tiene lugar el acceso de Hitler a la cancillería del Reich. De hecho la secuencia de artículos, y el orden con el que son presentados obedece a la lógica impuesta por Hans Schwarz, el editor, quien trató de estructurar de forma secuencial y unitaria el conjunto de textos siguiendo una coherencia en el desarrollo ideológico del autor. Los años que fueron testigos de estas ideas estuvieron salpicados de por la debacle alemana en la Gran Guerra, en la cual combatió el propio Moeller Van den Bruck, y tras la cual regresó a Berlín profundamente abatido por los acontecimientos que le tocó vivir.

Resulta difícil de explicar la escasa relevancia que los escritos de nuestro autor han tenido en Alemania, pero mucho más complicado es entender cómo la magnífica obra de Armin Moehler (*Die Konservative Revolution in Deutschland 1918-1932*)haya ignorado una obra tan completa sobre la gran complejidad de los movimientos conservadores y revolucionarios alemanes.

La derrota de 1918, la traición de los políticos al pueblo alemán y a un ejército que todavía continuaba dispuesto a resistir en el frente forjaron las condiciones intelectuales que fueron el caldo de cultivo para la obra de nuestro autor. En un clima de derrota humillante, inflación galopante, o el caos generado por la revolución espartaquista en Alemania generaron una profunda reflexión que abarcaría toda la historia del moderno estado alemán. Desde la reunificación alemana, después de la guerra franco-prusiana, que permitió a un triunfante Guillermo I coronarse como emperador en el salón de los espejos de Versalles, hasta 1918 con un mismo escenario, Versalles, que clausura una época de esplendor económico, político e intelectual se van cimentando las bases del fracaso. De hecho, la generación que vivió la derrota se dedicó más de una década a indagar sobre las inexplicables causas que condujeron a esa debacle. Ese mismo pesimismo, a veces velado con declaraciones grandilocuentes, también se refleja en este conjunto de artículos. En el contexto de la presente obra vemos, por primera vez, una actitud que podríamos calificar de anti-historicista, y que niega, al menos hasta cierto punto, la pretendida perfección inefable del II Reich alemán comandado por Bismarck, al cual, no obstante, confiere grandes capacidades como estadista. Sin embargo, ahora se empiezan a marcar las pautas hacia un cambio, hacia un nuevo amanecer alemán liberado de las ataduras del pasado, y al mismo tiempo manteniendo el ancestral legado germánico y nacional materializado en forma de tradición. En lugar de apoyarse exclusivamente en el reflejo de la Alemania Guillermina anterior a la guerra, Moeller reivindica una renovación espiritual y nacional fundada sobre una base popular y dirigida por una juventud, caracterizados por la «tensión espiritual» frente a los anquilosados planteamientos de los más viejos, quienes se mantenían anclados en sus viejos planteamientos.

Como dijimos con anterioridad la Revolución Conservadora alemana fue un movimiento complejo y plural donde convivían los más diversos grupos. No obstante hay elementos que hacían confluir esta nutrida amalgama de ideologías diversas y, a la vez, las vertebraba a través de un discurso unitario; la crítica al sistema parlamentario y la democracia liberal, la idea de organicidad y corporativismo como base de la estructuración funcional de la nación o bien la estrategia revolucionaria como marco de acción de un conjunto de ideas conservadoras, todo ello reforzado por el credo pangermanista. A mayor profundidad deberíamos hablar de una reacción en toda regla contra los inmortales principios de 1789. Esta breve relación de ideas ya las vemos plasmadas, con mayor amplitud, en los escritos de Moeller Van den Bruck. Si de hecho hay una idea que trasciende en esta obra es la naturaleza política de los acontecimientos, y la necesidad que tiene el hombre de afrontarlos políticamente. La política era el reflejo de un movimiento espiritual de mayor abasto y que delata la influencia del movimiento neorromántico en su obra. Esta expresión de lo espiritual adquiere mayor relevancia cuando denuncia el racionalismo burgués de una nación imperialista y expoliadora como la británica, lo cual es, por otro lado, reflejo de la frustración alemana en lo que se refiere a su experiencia colonial durante el siglo XIX.

Por otro lado, Arthur Moeller Van den Bruck era, cronológicamente hijo de distintas épocas, un testigo lúcido del ascenso de la monarquía Guillermina, de los frutos de la política Bismarckiana, de la preparación de la conflagración mundial y, finalmente, de la caída del II Reich alemán nacido de la victoria sobre el II Imperio Francés de Napoleón III. De hecho, sus preocupaciones y escritos giran en torno a estos hechos, y son una reflexión que va más allá de lo puramente político: hay un marco espiritual y un marco político que aparecen constantemente como base de la solución. La idea de finiquitar el régimen de Weimar y fundar una nueva idea de imperio, de Reich, sobre unos nuevos cimentos. En ese sentido historiadores como Kurt Sontheimer aportan luz al análisis de las tendencias revolucionario-conservadoras: éstas acabaron dinamitando las instituciones de una república Weimariana que ya estaba tocada de muerte desde sus inicios, no en vano adolecía de una gran fragilidad económica, con una inflación galopante, y unos políticos totalmente ineptos que no habían conseguido conectar con un pueblo que había perdido la fe en su clase política.

Según el citado autor, la Revolución Conservadora generó una serie de instrumentos ideológicos, tales como el Estado autoritario, que posteriormente el nacionalsocialismo materializó desilusionando a gran parte de los integrantes de estas corrientes. De hecho las afinidades entre Moeller Van den Bruck y el Hitler que comandaba el emergente NSDAP fueron escasas por los datos que se conocen, aunque también estuvieron teñidas de ambigüedad. En este sentido, y ante la pretendida paternidad espiritual de Moeller en torno al concepto III Reich, también se podría hablar mucho. Y en ese sentido, su editor, que mencionábamos al inicio tuvo un papel decisivo vinculando a Moeller con el nacionalsocialismo. Las dudas sembradas antes de 1933 sobre Hitler, especialmente, y su proyecto político se vieron fulminantemente eliminadas en cuanto tuvo el advenimiento de éste último a la cancillería del Reich. De hecho Moeller quedó como el inspirador, como la fuente intelectual de un nuevo socialismo, del cual, Hitler no era sino la consecuencia práctica. Lo paradójico es que dentro de esta apologética, de esta elevación a los altares, de Moeller acabaron surgiendo las contradicciones de un nacionalsocialismo que le había rendido homenaje, en su día, pero que con posterioridad se vio forzado a renegar de esa pretendida herencia en la medida que Van den Bruck nunca tuvo una vinculación real y efectiva a ellos, pese a ser coetáneo y testigo directo de los acontecimientos que gestaron los primeros años de desarrollo del NSDAP.

Sería necesario un análisis profundo para dilucidar en qué medida Van den Bruck y el nacionalsocialismo tuvieron puntos de encuentro realmente asimilables, y este no es el propósito del escrito que nos ocupa. No obstante diremos que hay conceptos en la presente obra, tales como la figura del «*Führer*», que ya aparecen prefigurados con total claridad: «*Tal hombre siempre ha existido en Alemania. Ningún pueblo como el alemán constituía una nación en la cual los personajes destacados, los verdaderos hombres, estaban aparte o han estado lejos de la vida pública contra su propia voluntad».*

Además, como venimos diciendo «El hombre político» no es una obra que contenga artículos seleccionados de forma azarosa, sino que respondieron a esa voluntad de justificación frente al nuevo régimen. Pero a pesar de ello, también vemos en estos artículos otros elementos que podríamos calificar de incómodos o inconvenientes tales como: la visión tradicionalista y revolucionaria planteada en el contexto de la *Gemeinschaft* como comunidad orgánica, al margen de las derivaciones relacionadas con un racismo biológico que están totalmente ausentes en la obra de Moeller. Otro de los temas polémicos abordados en esta recopilación de escritos, es la visión que nos muestra de Oriente. Una visión mucho más positiva que la que tenían el propio Hitler o Alfred Rosemberg: Se trata del replanteamiento de la geopolítica alemana en el continente buscando la alianza con Rusia, a la cual consideraba una nación joven como la alemana, para destruir el dominio de las naciones demoliberales como Francia e Inglaterra. Ciertamente estuvo influido por diversas fuentes, por filosofías de la historia como la del propio Spengler, y sobre todo Franz List, el economista y político alemán, junto con otras corrientes apocalípticas difundidas a comienzos del siglo XX. Como complemento a este artículo tenemos otro bajo el título «Indiferencia de Occidente» que marca el ocaso del conjunto de la civilización occidental, habla de un germen disolutivo inoculado por las ideas progresistas tales como el individualismo o la pérdida del referente espiritual, la cual es la base de toda regeneración y superación de la situación actual. Se trata, en su conjunto, de una visión spenglariana que se complementa con la crítica nietzscheana, muy presente en sus artículos, y que se traduce en una reflexión de como el humanismo de raíz socrática traducido en la ilusión burguesa del mundo moderno, razón por la cual era necesario volverse hacia Oriente, para recabar allí las fuentes de una nueva regeneración, de una nueva base espiritual. No obstante la juventud es la clave de toda regeneración, y el papel de estos jóvenes debía ser el motor principal de ese cambio.

Más destacado es todavía el sentido que da nombre a esta obra: «El hombre político» relacionado con el sentido que Moeller daba a la historia y la política, en la cual el hombre político es la expresión de la búsqueda de un sentido y un destino de los pueblos: *«En este contexto se perfila un tercer partido por el cual no tiene más valor ni izquierda ni derecha, pero que se identifica con la totalidad de la nación y prepara el momento en el cual la nación sabrá reconocerse en ello».* En este sentido se expresa la necesidad de desarrollar un nuevo concepto de comunidad y nación asentada sobre unos principios totalmente diferentes de los de la sociedad burguesa y su falsario sistema de partidos, así como la dicotomía entre izquierdas y derechas. Sobre la base de una comunidad Tradicional se preconiza una nueva forma de socialismo que supere el intelectualismo vacío y toda teoría del materialismo histórico. Simultáneamente vemos ese alegato hacia el hombre político, al hombre de acción: *«... nosotros, fanáticos de la acción, furiosos, exaltados y sin criterio, del que ahora sentimos la imperiosa necesidad de hablar. La sustancia alemana es una sustancia política que quiere ser analizada políticamente.»*

En definitiva vemos un pensamiento lleno de contrastes, desde la visión orgánica, Tradicional, la reivindicación de un nuevo credo político para el pueblo alemán y una voluntad anti-historicista que en su conjunto se presenta de forma casi mesiánica y profética en la que prefigura una transformación del mundo de posguerra mundial, un mundo en el que el III Reich se abrirá como una luz entre las tinieblas en las que se ve atrapada una nación humillada y agotada políticamente. No obstante, ninguna de las justificaciones que el editor y albacea, Hans Schwarz, dio para hacer a Moeller el precursor y profeta del nuevo Reich alemán sirvieron ante la prohibición a la reedición de sus obras a partir de 1936.

Capítulo I

El hombre político

I

A la categoría de lo político pertenecen el ser humano y la sustancia.

Es extremadamente raro que se encuentren juntos ambos elementos. En el pueblo alemán los hombres no se echan de menos jamás. Tampoco hoy faltan. Y si existe un pueblo sobre la tierra que ha realizado de manera más auténtica tal sustancia de la propia libertad, de la propia salvación, de la propia vida, éste es el pueblo alemán. Todavía no existe certeza alguna de que nosotros seamos capaces de hacer nuestra esta sustancia alemana. Hay pueblos que ayudan a su propio ocaso en el momento que tratan de huir del mismo. Es necesario pensar en una sustancia, una sustancia de suma importancia y de extrema concreción, pero que resultará evanescente por el hecho de que si es tratada siempre y solamente de modo abstracto y de la cual quieren hablar más, o no, de la cual en cambio, nosotros, fanáticos de la acción, furiosos, exaltados y sin criterio, del que ahora sentimos la imperiosa necesidad de hablar. La sustancia alemana es una sustancia política que quiere ser analizada políticamente.

Un hombre, un simple hombre, podría creer válido tal presupuesto. El ser humano desprecia por naturaleza la política, como los problemas, y sobre todo el dinero, de la economía y todos aquellos componentes, añadidos, con disgusto, pero que todavía pertenecen a la necesidad vital de una nación. El hombre, el tipo de hombre que aquí presentamos, no se preocupa de estas cosas. La existencia para él se resuelve en dos elementos básicos: el mando y la obediencia. Sólo cuando haya ejercido su poder sobre la existencia, un poder duro, estable y cierto, ante el cual su adversario sucumbe, sólo entonces él concluirá, y las condiciones de vida de las naciones se realizarán espontáneamente. Pero él no se preocupa tan sólo del adversario, en todo caso se preocupa solamente del adversario político interno, ya que lo tiene delante, pero del enemigo político externo, que para él debería venir después, no se preocupa en absoluto. En su vida, éste hombre está acostumbrado a fundar la realidad sobre su propia voluntad. Pero la voluntad no es sólo un impulso. Voluntad es estrategia. Y no hay nada más lejano del ser no político, el cual, siendo hombre, es más parecido al campesino que al estadista.

Así vemos como estos hombres se abren paso, estos hombres extremadamente viriles, cada uno en su esfera, el uno contra el otro, y como aquel es alemán. Ellos elevan la sustancia de las naciones al contenido de su bandera. Son éstos los seres más alemanes, y viven con profunda emoción nuestro destino. Y es propio de éstos proveer al ejemplo de un destino alemán. Ellos constituyen, quizás, la forma originaria de la vida en Alemania y la generación venidera. Pero nosotros continuamos viendo en ellos solamente la prueba de lo incomprensible que resulta para el hombre común una sustancia que sólo el político puede comprender.

La categoría del político no está constituida solamente del hombre, ni únicamente por la materia. La política es el conjunto de ambos elementos. ¿Cómo es posible realizar la figura del estadista?

II

El hombre no es nunca estadista solamente por su propio genio. En la historia de una nación cada uno hereda la obra completada por otros. La historia en su integridad, en estrecha conexión con la política conducida por los hombres de gobierno de un país, va más allá de la vida de los individuos. Los hombres políticos nacen en este contexto. Ellos entran en un ámbito de experiencias políticas que llegan a ellos de siglos pasados. Ellos heredan estas experiencias, experiencias de hombres, de pueblos, de problemas políticos que ellos resuelven con la capacidad de actuar en su tiempo y terminar su función. Por tanto, la política se vuelve Tradición. Pero ésta no puede sustituir la actitud política, aunque en naciones de tradición política particularmente significativa, en tiempos de carencia de estadistas de valor, se registra igualmente una acción política positiva. El hecho es que la Tradición facilita la política, la forma, la prepara, y nos bastará observar la historia de los pueblos políticos para reconocer que los llamados "pueblos felices" han estado guiados en función de la Tradición.

Nosotros debemos darnos cuenta de que el pueblo alemán no posee una Tradición similar y que de esta carencia de Tradición deriva la inestabilidad, la incerteza, la laceración de su historia y, al fin, su quiebra. Poseyeron algo parecido a una tradición en el Medievo, cuando nuestra vida era unitaria y los paladines del káiser, tanto los espirituales como los laicos, educados según una tradición romana, representaron y transmitieron una política imperial estable. Sucesivamente fueron los Hohenzollern, los Brandemburgo y el Estado prusiano quienes condujeron hacia una estabilidad la política interna, política estatal que venía transmitida de padre a hijo llegando hasta Federico II. Pero en aquel punto, con el progresivo agotamiento de la dinastía y la consecuente búsqueda de ayudas por parte de la clase dominante entre los propietarios terratenientes y las otras castas, se produjo una rápida quiebra que afectó al propio sector del cual el estado prusiano se jactaba de tener la mejor tradición: El militar.

Era un punto firme y considerado, obvio por parte de la disciplina militar, que el soldado no se tuviera que ocupar de la política. Gneiseau, Scharnhost y Klausewitz pensaron siempre de forma política. En sus vivos espíritus no se obvió nunca la posibilidad de ocuparse de la política. Pero en el curso de aquellos años se produjo una tergiversación de los principios espirituales, así como del dogma prusiano del soldado apolítico que fue tomado a la carta, por cuyo ejército, tanto en los hechos como en los principios, vivió y actuó teniéndose lejos de todo aquello que se caracterizase como político. Mientras la política se militarizaba, se mecanizaba, se organizaba y adquiría una homogeneidad propia volviéndose burocrática así como privada de instinto y de vida, privada de psicología. Poseedores de la sabiduría política, burgueses y diplomáticos utilizaron como medio el poder militar con la connivencia del soldado que presuntamente carecía de esos recursos. Este modo de ser tuvo su justo castigo con la guerra mundial, que vio la completa quiebra de los hombres de estado que, como comandantes de campo puestos improvisadamente delante de cortesanos políticos, intentaron resolver los problemas de forma violenta y autoritaria a través de las organizaciones, estando desprevenidos en este ámbito de lo nuevo y extraño. Participando de modo cerebral, yendo contra el espíritu de las cosas y conduciéndonos hacia la derrota. Fue una quiebra de toda la línea, así que en Alemania no quedó en pie ninguna tradición política que nos pudiese proteger, no de los modelos (epígonos), pero sí al menos del diletantismo. Como consecuencia no se ha producido el hombre político.

III

Entre el hombre y sus acciones media el justo momento en el que debe aparecer aquel que es portador del destino de un pueblo.

Ciertamente, todo estadista debería tener en cuenta el momento oportuno. Pero debe saber determinarlo en su aspecto decisivo, para luego actuar sobre el momento que ha elegido; y hacerlo a través de la abreviación o dilatación del espacio y el tiempo, con la consiguiente creación de un plano preciso que pueda hacerle alcanzar su objetivo. Presupuesto de su capacidad de elegir y de actuar son, en todo caso, su alto sentido de responsabilidad y superioridad. Presupuesto de tal modo de actuar es la existencia del hombre político.

La historia de una nación atormentada por las contradicciones llega siempre a un punto decisivo en el cual se muestran solo dos vías. Es la voluntad, la propensión y la fe de la nación la que se dirige hacia una de estas vías, o abre una vía tal moviéndose hacia aquel punto neutro en el cual ningún pueblo puede permitirse permanecer en espera, a menos que no quiera hundirse, en esta posición neutra e intermedia, mantuvo un orden formal incapaz de producir transformaciones, si consideramos que nos debía dirigir a izquierda o derecha.

En este punto se encuentra el hombre político, que ha dado a los acontecimientos un último impulso, aportando aquella sensibilidad necesaria para tal cambio, para que esté en armonía con la condición espiritual de una nación. Los hombres políticos deben estar familiarizados con los movimientos espirituales, saberlos valorar, en la medida que constituyen la base ideológica de las transformaciones políticas. Deben poseer una sensibilidad en condiciones de determinar con precisión, fuerza y decisión los estados de ánimo humanos, hasta el punto de hacerles comprender dónde se desplaza la aguja de la balanza. Debe ser una sensibilidad adecuada que pueda hacerles intuir el ascenso y caída de una fuerza partidista, su crecimiento y su debilitamiento. Debe saber ver quién querría quitarle el puesto y por fin debería tener la capacidad de observarse a sí mismo y los medios de los cuales dispone para el ejercicio del poder. Decisiva es, sobre todo, su capacidad de medir el significado de los hombres, lo soportable de las situaciones, el alcance de los acontecimientos y la rápida comprensión de la fortaleza o fragilidad de las oposiciones. Es, fundamentalmente, su distancia de las cosas, una visión a distancia que le permite una perspectiva de conjunto ante la cual la nación no puede estar enfrentada a sí misma.

La revolución de noviembre no tuvo esta visión de conjunto. Ésta, como toda revolución, querría comenzar sin tener en cuenta una serie de elementos que podrían ser comprendidos solamente a través de una intuición participante, capacidad ésta, de la cual está dotado el hombre político, pero no quien continúa estando en los límites del conocimiento experimental.

Esta revolución anteriormente era la razón, la cual tenía la convicción de que ésta sería traducida en razón política abriendo la vía al derecho racional, que apareció como tal ante los revolucionarios, al mismo tiempo que se vinculaban a su tiempo y al progresismo. También creían en el hecho de que este derecho podría tener validez universal, estos revolucionarios se convencieron de que Alemania sería afirmada en el mundo.

Con el quebrantamiento de la democracia, del parlamentarismo y todo lo que deriva del racionalismo político, se repuso entonces la confianza en la economía con la esperanza de que ésta hubiera sido la que generase al verdadero estadista. También la economía habría renunciado a la política. También la economía carece de tradición política. Los economistas alemanes entendieron la política como empresa económica, como un conducir asuntos entre los pueblos, mientras es la política, y no la economía, la que compete a los estados según el alto rango de la propia legitimidad. Ocurrió entonces que, entre los economistas alemanes, surgió el deseo de tener peso político; pero este impulso no se transformó nunca en decisiones concretas, en una verdadera asunción de poder. Y al final ocurrió solamente que el hombre político fue sustituido por el economista o el técnico: pero la tradición no se deja sustituir.

Se nos pregunta ahora si la tradición puede ser recuperada. No podemos esperar en el futuro a un Bismarck, el cual, por otro lado, no encontró tradición alguna, sino que fue su capacidad la que le permitió crear un estado autoritario y sujetarlo como un demonio gracias a su conocimiento de los hombres y su innato conocimiento de la política. Nosotros debemos tener en cuenta, sobre todo, con el hombre y con el alemán que vive hoy, que ha sufrido todos los embates de la guerra mundial y la convulsión que ésta provocó que, el alemán, en este tiempo sea mantenido libre de los autoengaños políticos de su pueblo.

Existen estos hombres y estos alemanes. Quizás existen en una forma apenas definida, están en fase de formación, de primera experimentación. No obstante será posible encontrar en nuestra tierra un vínculo con la tradición política allí donde hayan permanecido trazos, donde todavía se encuentran elementos hereditarios de esta capacidad política, donde vive un nivel instintivo, una humanidad política.

Pero la tradición tuvo que nacer una vez, También el hombre político ha surgido de una situación caótica que el no político no sabía dominar. Por lo demás, su mayor obra fue haber dado primero a su pueblo, mediante el ejemplo del mando, en el momento que esté se convirtió en nación, la tradición política.

Capítulo II

La generación

I LAS TRES GENERACIONES

«Der Spiegel», 1/12/1919

No hemos perdido la guerra solamente en 1918, sino también en 1882, y todavía antes, en 1872.

La generación de 1872 estaba segura de que la nación tenía un carácter inmutable, que el Reich hubiese sido fundado para sobrevivir al tiempo, como del resto de nuestra historia. Esta generación podía tener tal concepción en la medida que el enfrentamiento con Francia le dio conciencia de que en esta coyuntura había realizado algo clásico. Sedán era clásica como lo eran Leuthen y Canne. Expresó la estrategia, el principio mismo de la estrategia, una excelsa conducción militar consistente en empalmar todas las líneas según un plano dándole forma armónica en el campo de batalla. Así fue realizada la obra de Von Moltke. También el meditado arte político producido por Bismarck que poseía algo de esta clasicidad estratégica y fue, un juzgar de los obstáculos que debía superar, la obra más difícil y grandiosa jamás afrontada por el dirigente de un estado. El problema de la política fue entendido por ellos en todos sus componentes, cuando tuvo lugar la construcción hacia un solo fin de un conjunto de elementos estatales, venciendo en esta unidad de fines la multiplicidad de oposiciones azuzadas en el interior de la nación. Él, con el peso de su personalidad, supo imponer entre los pueblos el pueblo de los orígenes, de los asociales y los masoquistas, y logró obtener para el estado creado por él, el reconocimiento de los estados. Se ve entonces cómo una firme raíz hubiese sido puesta en la base de nuestra vida, que debería sobrevivir a aquel desarrollo de acontecimientos que condujeron hasta aquel punto a partir del cual no se podía volver atrás.

Por eso es una ilusión narcisista de los franceses, el pensar que su Versalles de 1919 pueda hacer olvidar el Versalles de 1871, anulándolo o haciéndolo aparecer como nunca acontecido. En el pensamiento de los pueblos permanece siempre y solamente el plasma de las cosas, más o menos evidente, que se refiere a individuos singulares que deriva en catástrofes de gran alcance. La guerra mundial un día será un mito y aquello que de ella permanezca en la memoria serán los hechos dolorosos, después de esto, aquel hecho extraordinario por el cual todos los pueblos de la tierra se debieron unir para derrotar a un solo pueblo. La creación política de la ampliada «entente» consiste únicamente en la conexión de las redes entonces disponibles y nació de un cálculo económico: fue tal cálculo, dato particularmente significativo, el que generó está unión de tantos estados y tantas naciones. Bismarck, al contrario, y estando totalmente solo, no ató juntos varios nudos, pero ató el suyo propio. Y cuando ellos cayeron en la ambigüedad de la política oponiendo el juego del destino a aquel del ajedrez, así como Moltke había entendido el juego del ajedrez frente aquel del destino, entonces se reveló en ésta la más elevada matemática, aquella que hoy percibimos como demónica (en el sentido de demos), y que por el contrario para nosotros, como para Moltke, era absolutamente clásica. El mundo común acogió la obra de estas dos figuras, que supieron entregar sobre un plano más elevado que aquel de los políticos y los diplomáticos, como un fenómeno natural de la vida de los pueblos, fenómeno por el cual se encontró una más elevada forma política y de la cual ninguno valoró la necesidad moral de su curso histórico — mientras que el acontecimiento de la guerra mundial y ahora de la paz mundial produce solamente una ridícula ideología que cada uno puede fácilmente observar.

La generación de 1872 llevó la serenidad propia de aquellos acontecimientos. Nosotros la extraemos de nosotros mismos. De ahí parte el inicio de nuestra culpa.

Inmerso en el entumecimiento académico y una torpe degeneración, el destino de cada acción clásica se convirtió en destino de la política alemana. Bismarck despreciaba demasiado a los hombres para buscarse una sucesión que al menos hubiese garantizado el mantenimiento de una tradición cierta y que fuese utilizada en la política exterior de una forma diferente de la conducción de los asuntos. Todavía fue fatal el hecho de que Bismarck violentase no sólo a los hombres sino también a los problemas. Hay un Bismarck doble. Hay un segundo Bismarck, el Bismarck posterior a 1872, que no comprendía el sentido de su propia obra: el sentido europeo de su obra alemana. La verdadera fuerza fue la del primer Bismarck, el Bismarck anterior a 1872, el que se había mantenido allá en los cuarenta, de los ideologismos políticos, del nacionalismo democrático. Aquello que no pudo el entusiasmo lo pudo su sentido de la realidad. Allí donde los ideólogos debieron desistir él nos llevó hacia la *Realpolitik*. Él, como gran hombre, era también un hombre inteligente. Su pensamiento se puso en relación con significados y valores eternos. En su obra era mucho de Shakespeare y muchísimo de Beethoven, artistas que amaba. Más allá de aquello no dejó huella en su ideología. Él tensó el oído cuando Lasalle le expuso sus proyectos. Pero no se pronunció acerca de sus motivos. Él sentía que el mundo que tocaba superficialmente no era el suyo, en el cual solamente sentía la capacidad de moverse con seguridad. Él juzgó el mundo desde su propia perspectiva. Pero el *Reich* no era el mundo, el mundo no era bismarckiano, y también pudo tratar las ideologías con desprecio, las ideas no obstante mantienen y poseen una fuerza enorme.

La justificación dada de la adquisición de Alsacia-Lorena no resuelve el problema. Bismarck justificó su lucha contra Francia como una reivindicación de territorios, de puntos estratégicos y no de personas, de poblaciones de tradiciones alemanas. Como podría haber actuado de otro modo, por lo demás el Bismarck de 1872 volvía a reclamar lo de 1813, se reclamaba a los prusianos como el pueblo de la primera gran lucha de nacionalidad, sí, como alemán todavía recordaba que Schleswig-Holstein era un estado independiente de nosotros y que nosotros considerábamos nuestra misión liberar a los pueblos oprimidos. Habría sido, por tanto, imposible hablar de ahora en delante de un error por nuestra parte en 1871 en Alsacia-Lorena, cuando Bismarck había guiado la política prusiana y alemana en una dirección idealista que constituía el fundamento de su pureza ética pero a la cual faltaba solamente una base ideal. Ciertamente los alsacianos podrían haber vivido de manera totalmente diferente su retorno a Alemania si allí no hubiesen sido considerados medio franceses, de los cuales se desconfía, pero como alemanes de nacimiento a los que se concede completa confianza. Al contrario, fueron los franceses, al afirmarse como pioneros del idealismo, los que con su egoísmo consideraron Alsacia-Lorena siempre, y solamente, un hecho de vanidad y no de sangre. Fue Francia la tierra que los pueblos amaron por la libertad, que encontraron en esa personificación y que tuvo en la ideología mundial su fuerza de propaganda.

Al comienzo pudo no ser arriesgado el alejamiento de Bismarck de las ideas de su tiempo, pero se convirtieron en tales cuando esas ideas se apropiaron del futuro. Solo poco tiempo después la *Kulturkampf* y la *Sozialistengesetz* evidenciaron la incapacidad de Bismarck de reconocer en el movimiento mundial un movimiento espiritual. Tuvo siempre menor capacidad de distinguir ideología e ideas y pensó no tener en cuenta estas últimas, así como no había dado importancia a las otras. La política para él venía a ser una gran profesión, que debía ser ejercitada, preferiblemente, al margen de las ideas de su tiempo como de las que debían venir, si estas no coincidían con sus concepciones personales. Él continuó su obra mediante su autoridad, la cual condujo por encima del Parlamento de Berlín hasta su dimisión. Durante toda su vida dejó de lado la ideología anteponiendo a ésta su propia genialidad: él fue el último, el único genio que se afirmó después de 1872, y cuyo poder ni siquiera

Nietzsche pudo eludir. Pero cuando Bismarck desapareció, cuando la política que dejó a sus espaldas y fue retomada por sus epígonos y gestionada mediante la burocracia, cuando resultó evidente que los representantes del *Reich* no solo no dominaron las ideas del tiempo presente ni del futuro, sino que no tenían idea alguna, entonces se produjo el aislamiento espiritual de Alemania. Aquella cerrazón hizo que las ideas se transformasen en simples funciones de desarrollo, además de una significativa frialdad cual signo de un alejamiento de los elementos vitales. El *Reich* hablaba un lenguaje propio, y el mundo hablaba otro diferente. El *Reich* pensó que era suficiente con un patriotismo ordinario en la propia tierra, no supo entender que en el mundo emergió un vivo nacionalismo de raíz no tanto política como ideológica: Alemania no supo asumir la guía espiritual de este impulso, que por tanto se resuelve en su contra.

Diferente fue la tradición dejada por Von Moltke. Desde el día del estallido de la guerra parece evidente que la palabra de Moltke no había sido olvidada, visto que todo cuanto conquistó en 1870 debería ser defendido nuevamente cincuenta años después. En esta nueva fase también la estrategia se convirtió en pura academia, y con la derrota del Marne se evidenció el valor puramente abstracto de los planos bélicos elaborados por el Estado Mayor. Pero el hecho de que el clásico Moltke fuese seguido del exégeta Schliesse, muestra al crítico de las tres generaciones que la herencia militar de 1872 por lo menos había sido utilizada para concebir la paz como fase preparatoria para la guerra. En el ámbito de la estrategia militar no supuso una interrupción, fue mantenida la unidad a través de Clausewitz, Gneiseau y Schanhorst, mientras en el ámbito político se beneficiaba más allá del nombre de Bismarck. Muy pronto la guerra, en cuanto a mundial, aumentó sus dimensiones. La estrategia en ella utilizada resultó así nuevamente creativa. Del resto, esta fue la única expresión de la guerra, no solo en desarrollarse paralelamente a la técnica, pero también en producir verdaderas ideas. Debemos a la estrategia, si no fue solo el espíritu de Moltke, el permanecer vivos, pero también su acción fue retomada con éxito, de Tannenberg a Gorlice, sobre todo sobre el gran escenario de la guerra, sobre montañas, en Rumanía, en Italia y en las batallas del frente occidental.

Si no obstante la estrategia fracasó los motivos deben de buscarse fuera, o sea en el modo de aplicar tal estrategia, en el modo de conducir la política y en aquella particular tradición prusiano-germana que cree que la clase militar no debe de ocuparse de la política. La condición de esta tradición era no rechazar la política. Cuando en el curso de la guerra mundial se comprendía que el Reich se encontraba en peligro y en manos impotentes, entonces fue todavía la estrategia quien tuvo que asumir tareas políticas; debió al menos intentar salvar todo aquello en Alemania que todavía era salvable. Pero era demasiado tarde. Fue evidente que en pocos años no se podía recuperar aquello que, durante mucho tiempo, había sido descuidado. Tampoco la estrategia tenía ningún acceso en las ideas del tiempo, visto que el hacerlo no era considerado de su competencia. Ocurre así que ella al final fracasó en su nueva tarea. Agravó la situación devolviéndola todavía más deteriorada de cuanto lo estaba; la desesperada conciencia de todo aquello que quedó a estos hombres resueltos: las más fuertes voluntades habían sido condenadas al fracaso. El estado mayor debía luchar ahora en el frente exclamando: a saber... ¡debemos luchar contra las ideas y perdemos la guerra porque no sabemos nada de estas ideas! En esto consistía la verdadera tragedia.

Hoy es esta la tragedia de toda una generación. Si en cualquier parte en Alemania hay hombres que se han vuelto tan serios por no poder expresar nunca más alegría en el resto de sus vidas, estos se encuentran entre los supervivientes de 1872.

La generación de 1880 fue siempre, al contrario, eudemonística: lo es todavía hoy. Este eudemonismo constituyó siempre el revés del oportunismo: y lo constituye todavía hoy. Los supervivientes de esta generación, que monopolizaban toda la nación, constituyen el sentido de nuestro derrumbamiento. Señalada por ellos con el dedo como una culpa que ahora le toca a la nación extinguir. Pero ellos mismos son demasiado superficiales para reconocer su propia culpa y para comportarse en consecuencia. Son demasiado egoístas como para sacar las consecuencias desapareciendo así de la vida de la nación. Son demasiado vanidosos también solo para lamentarse del destino de la nación y para no diluir tal dolor en el fervor de la actividad comercial. Al contrario, la generación de 1888 revela una precisa voluntad de afirmación y sin atajos quiere explotar cada posible situación que se le presente como una posible revolución. Su expresión es la unión nacional, en la cual se refugia para hacer frente a la situación de 1918. En los viejos partidos sobrevivirá aquella arraigada falta de inteligencia política que impedirá la afirmación de una sensibilidad política. Queda solamente el principio de un hombre de honor, o sea del honor inmaculado, de un hombre profundamente bueno, y que todavía más de uno quiere lo mejor, que querría hacer todo por el bien y que cree en aquello que emprende. La más querida expresión de la comunidad, hasta que ésta se reconoce en la forma asamblearia, es la protesta, la revolución unánime, la expresión de una rígida voluntad común, la actitud de oposición expresada en un alemán pobre, palabra y efecto, a los cuales tampoco siguen hechos de escaso relieve: en esto no se revela la fuerza de la nación. El resultado es, por tanto, una mediocridad totalmente vacía y privada de peso y de volumen, y la hipotética presunción de poder anticipar el futuro liberándose de todo aquello que, en cuanto presente, ha sido legado por el pasado.

En esta mediocridad de la generación de 1888 debemos reconocernos nosotros mismos. De ésta deriva un germanismo que, después de la fundación del Reich, fue abandonado, y es el que ahora entregamos al derrumbamiento del Reich. Nosotros conocemos a su alegre representante[1]. Ayer regaló la flota. Mañana cederá la tierra. Su rostro es la no prevención, la incapacidad de saber sufrir, el sustancializarse de una laboriosidad, de conducir hechos, que también en el infortunio no se deja apartar de las costumbres, de su actividad, incluso si el asunto no está en activo pero no está perdido. Él es quien da el visto bueno (alemán) al mal juego de nuestro enemigo. Él considera, como es innato en nuestro carácter, que básicamente va todo muy bien, también si no es así, aunque en modo alguno

---

[1] Se entiende Erzberger

funcione. Él, incluso inmerso entre las ruinas, se siente en el centro de aquella armonía predeterminada dictada por una filosofía correspondientemente perfectamente al optimismo propio de la sangre del pueblo alemán y que, cuando fue malentendida, constituyó un verdadero peligro. Sostiene, por otro lado, que se encuentra en el mejor de los mundos posibles y que la solución política, por él sugerida e insistentemente sostenida, no sólo es la única posible, pero sí la mejor. Él muestra la eterna sonrisa de una nación que todavía no ha comprendido lo que le ha ocurrido. Tiene la sonrisa de un individuo golpeado que todavía tiene el atrevimiento de aparecer tranquilo, pero aquello no viene del orgullo, sino de la insensibilidad. Con él el fundador se ha convertido en especulador. Éste es el hombre privado del sentido de lo trágico. Desde el momento que lo toleramos, nos merecemos nuestro destino. Desde el momento que su expresión es nuestra expresión, nuestro destino no cambiará. Nuestro destino somos nosotros.

Una vez tuvimos otro representante: el Káiser. También él era nuestra expresión. En la era Guillermina nosotros éramos seres guillerminos. El Káiser es hoy el hombre clásico. El alemán no lo es todavía. Esto constituye el elemento separador más significativo de aquella vía que conducía a Holanda. El Káiser tenía siempre algo más que nosotros. Él ahora es trágico: Esto tiene un mayor respeto de nosotros. Lo trágico lo separa de la generación nacida con él, una tragicidad que nadie podrá arrebatarle, tragicidad que no puede alcanzar su finalidad, de un hombre que lo perdió todo, mientras en nosotros quedan algunos restos que aceptamos mezquinamente.

Dónde hay elemento trágico, hay culpa. El propio Káiser podrá decir que ha sufrido «injusticia». Él alejaría así el elemento trágico, y esto sería simplemente sobrecogedor. Pero de esa forma parecería querer rechazar una «culpa», de la cual no sabe nada y que, no obstante, se le imputa.

No se trata de la culpa del desastre de la guerra. Si se juzgan las acciones de un hombre en base a sus motivaciones, y no en base a los hechos contingentes y a la necesidad, nadie está más libre de esa culpa que el Káiser. Quien posee alguna noción del espíritu humano, sabe que el Káiser era demasiado indeciso para emprender acciones de resultados inciertos. Estaba muy fundado en términos psicológicos el juicio de timidez en los enfrentamientos de un Káiser que ante la guerra con Francia, buscando evitarla y provocarla al mismo tiempo. Lo único que no se entiende es cuando este miedo del Káiser fue contrario al sentido de responsabilidad que siempre tuvo presente, pero que buscaba atenuar y que todavía se manifestó en esa circunstancia asumiendo la función de un pretexto.

La culpa era muy grave. La tragedia del Káiser fue aquella de una universalidad que él no tenía, de su inadecuación. Él es señalado como el hombre más representativo de su época. Lo fue si llevamos la medida de esta universalidad de la comparación con los escasos valores de toda una generación que va de 1888 a 1914. La culpa del Káiser fue considerarse un hombre destacado, comportándose como si fuese un hombre de grandes valores e infalible, sin preguntarse si tal cualidad le correspondía. Y la tragedia del Káiser tuvo su origen en el no poder actuar de otro modo, ya que la situación del imperio alemán, de su pueblo en fase de despertarse, presuponía la existencia de un hombre, de un guía, de un verdadero Káiser cuya firme voluntad fuese, por sí misma, suficiente para levantar la nación. Pero él no era tal hombre, ni lo demás podía depender de la voluntad de un hombre. En lo demás fracasó como hombre. Él tenía el rostro de los Hohenzollern pero no los ojos de Federico el Grande. Un príncipe con valores buscó, a través de un incansable trabajo, restablecer aquello que le había sido negado desde el nacimiento. Lo hizo de una manera que, en ocasiones, alcanzó la genialidad. Pero quedó aquella inadecuación que lo diferenciaba de una época y lo aunaba a esta época que de él traía el nombre de Guillermina.

Él estaba en medio de generaciones distintas. Se encontró en una vía de enlace y no en su propia generación. Con la generación de 1872 tenía en común la relación con la gran Tradición. Pero no tenía nada más del rey. No no ha vuelto a haber otro rey en Prusia desde que desapareció la consagración de la aristocracia que rodeaba a Guillermo I. Guillermo II tenía por tal motivo el título imperial asumido. Por lo tanto se sentía mucho más cómodo que la genera-

ción de 1888. Esta era su generación, en la que se había formado
y con la que compartía sus características. Poseía una propensión
extraordinaria para todo aquello que fuese técnico, y a ello debía
todo lo sucedido. Le resultaba peculiar la manía de sentirse un gran
hombre y, básicamente, tenía también mucho de burgués. No tenía
la sobriedad, la concreción ni la pureza del técnico, pero poseía la
movilidad y la capacidad de entusiasmo, peculiaridad de su generación materialista y que lo volvió un monarca entusiasta. Llegamos
a ser un pueblo de especialistas. El Káiser estaba entre los últimos
idealistas. Lo era naturalmente, por temperamento. Como Káiser
sentía que una vida sin ideales para su pueblo a la larga no hubiese sido posible. Pero como idealista era un epígono, así como ser
humano era un ilusionista. Resuelve entonces lo visto por la generación pasada, que en su clasicidad había sido en cualquier modo
idealista. Creía realmente que de este modo romántico se podían obtener aquellos buenos frutos de los que siempre hablaba; y también
cuando se refería al trono o al altar, tales expresiones en su boca
perdían el contenido, en el momento que no lo había vivido nunca
íntimamente. El Káiser tenía una propensión por las cosas espirituales. Esta propensión en él era difusa como en toda la generación
de 1888 pero justo en este ámbito. Cuando con la nueva generación
surgieron nuevamente hombres creativos, allí el Káiser llevó a cabo
una actividad represiva, frenó tal espíritu reconduciéndolo a la exte-
rioridad. Si nos hubiese dado por el contrario una unidad espiritual
entonces habríamos tenido también una consistencia espiritual por
la cual la nación habría podido sobrevivir al desastre de la guerra
mundial. En lugar de esto fue con la mentira de la generación de
1888 y la guerra a la cual el Káiser empujó.

En común con la tercera generación él poseía una relación bella
y libre con los jóvenes, derivada de la propia juventud que alargó
tanto como pudo. Pero esta relación llegó solo hasta la generación
de 1914. De la generación de 1919 destacó que él, que se ocupaba
de todo en el imperio, no se interesó para nada de los problemas
reales que estaban ocurriendo , y en su lugar se ocupó del pasado.
Él no se olía estos problemas. Los evitaba y los atravesaba. Los

tuvo lejos sin entender de qué se trataban. Y si hay alguna cosa que hoy lo destaca de aquella generación es justo esto: Él fue el único alemán que fue invertido por los acontecimientos de forma directa y con dureza, no se aferra al sentido: en ello está su tragicidad — mientras la generación de 1919 busca entender justo tal sentido para actuar en conformidad con Alemania.

Cuando el Káiser toma el poder, promete llevar a la nación a tiempos magníficos. Pero un poeta perdido, Hermann Conradi, entonces ya habló de este «joven emperador», «que nos habría llevado a la muerte», el Káiser no ha cumplido con la palabra del Káiser. La culpa no corresponde solo al Káiser, lo es de toda una generación que, de la época Guillermina, llega hasta hoy. Ahora la juventud debe transformar de nuevo la muerte en vida.

La juventud no es un problema de edad. La juventud es una forma de entrega. La juventud quiere hacer mejor las cosas. La juventud es desconfianza frente a todo aquello que encuentra y que entiende que ha estado mal hecho. La generación de 1919 retoma el trabajo que ha sido errado en 1872. Las generaciones viven siempre en relación recíproca. Como la generación de 1872 continuó viviendo en la de 1888, así ahora los *outsider* de la generación de 1888 chocan con la generación de 1919. Ella recuerda la afirmación de Nietzsche según la cual los alemanes no han tenido todavía un «hoy». Con ello el filósofo fue a la raíz del problema.

Cada realidad debe tener su raíz. En ello está el radicalismo de la tercera generación. Su concepción tiene raíces. También esta juventud tiene sus ilusiones. Hay un radicalismo que arranca las raíces. Esta parte de la juventud que vive una locura irreal viene de lejos. Nosotros hemos necesitado de una juventud que construya, no de aquella que destruye. Existe por tanto una juventud que no se preocupa para nada del crecimiento. Aquella parte de la juventud que vive también hoy en la usual indiferencia alemana, es obtusa, impulsiva, y al fin y al cabo sin valores. Alemania debe refundarse sobre una juventud que busca sus propias raíces y quiere fundarse sobre éstas. En aquello su conservadurismo, que esta vez no se basa en las cosas del pasado, sino que quiere determinar el futuro: quiere dar fuerza a las cosas que vale la pena conservar.

Es la juventud de los supervivientes. Después del *ver sacrum* (primavera sagrada) de la sangre, permanece el *ver sacrum* del espíritu. Hay mucha madurez en esta juventud derivada de una experiencia de vida que podría ser negada por la generación de 1919 si fuese tan superficial como la de 1888. Ella es escéptica y al mismo tiempo cargada de entusiasmo. Pero no es la *skepsis*[2] de la duda, es la *skepsis* del saber. El escéptico es tan entusiasta como el tipo de alemán que debemos esperar ante esta sabiduría.

La generación de 1919 está cargada de problemas, no de problemáticas. Se sienta ante el banco de las ideas en las que el siglo precedente ha creído. Ella sabe que sus problemas presuponen los alemanes del nuevo siglo: Superación de la ideología occidental – Superación de los partidos, prisioneros de esta ideología – Paso a una política libre de partidos que, por sí misma, pueda llevar a cabo la nueva economía y el nuevo estado – Solidaridad de la nación que en base a un socialismo no se limite solo a un concepto de clase, basándose en un nacionalismo que realice la concepción de la comunidad (*Gemeinschaft*) – Refutación de una concepción materialista de la historia, que es solamente una filosofía de la digestión junto a su versión psicoanalítica que se reduce a pura filosofía sexual – Colocación del hombre en la exacta dimensión de su devenir – Unión de los hombres en el respeto recíproco – Lucha contra la concepción de un individuo reducido exclusivamente al cerebro – Lucha por la personalidad completa cual totalidad – Fe en la potencia de lo irracional – Comprensión, no racionalismo – Sentido del pueblo, no democracia – Libertad, no liberalismo – Responsabilidad concreta, selección y responsabilidad de mando: estos son los problemas de esta juventud.

Un dato resolutivo es que todavía somos un pueblo joven. Esta idea del pueblo puede recuperar esta juventud al principio de la nación. Es la idea de una misión que va más allá de 1919. También si no se debiera ser más un Reich, nosotros seremos para siempre

---

[2]N.d.T.: Término de origen griego que significa duda o investigación, y de la que procede la expresión «escepticismo».

los alemanes. Ella sabrá aquello que debemos hacer. La historia va hacia delante.

Un pueblo no está nunca perdido si comprende el sentido de su derrota. Pero los hombres que poseen tal comprensión no los encontramos allí donde el pensamiento permanece como inmovilizado. Los podremos encontrar, al contrario, allí donde se afirma un pensamiento totalmente nuevo.

II EL ALEMÁN EN TIERRA EXTRANJERA

«Grenzboten», 28/4/1920

EL pueblo alemán se encuentra todavía ante una guerra no comprendida. La nación está acostumbrada a una existencia victoriosa que le resulta difícil entender por completo los acontecimientos que caen fuera de ésta. La misma nación, que tanto se preocupa por agudizar la vista para los grandes acontecimientos, se muestra sin perspectivas en el ámbito de la política exterior.

La guerra ha sido como la interrupción de una vida sin problemas, activa sí, pero privada de empeño político. Tanto es así que hasta se creía que con la paz se habría podido retomar este tipo de vida. La revolución sí fue originada, no obstante, justo por la falta de pasión política. Pero las fuerzas se echan a perder en una política interna que acaba por revolverse contra sí misma. El pueblo tiene casi olvidada la guerra, vive como si las consecuencias de la guerra no le concerniesen, como si no le hubiesen dañado. Todavía en la masa, con el aumentar del número de víctimas, se produce, de manera lenta e incluso terrible, el retorno a la razón.

Desde Versalles los alemanes de la frontera asentados a lo largo del *Saar*, del Rhin, llegando del Vístula hasta más allá de los confines, son invadidos por un áspero rencor, debido al contacto diario con el enemigo que ahora se encuentra dentro de los confines del

Reich y que no es un simple ser humano, y como tal sensible y conciliador, sino un francés, un belga o un polaco. Así el amargo grito tiene una motivación todavía más amarga: ¡Toda Alemania debería haber sido ocupada para que la nación comprendiese de una vez por todas qué le había ocurrido!

Pero hubo un alemán que supo ver más lejos, como si no quisiera hacerlo en Alemania, y así pudo divisar como se aproximaba la guerra: el alemán en tierra extranjera. Mientras el alemán que habitaba los confines de la patria, en su desinformación toma por bueno todo lo que le cuentan sobre los orígenes de la Guerra Mundial, el alemán en el extranjero ha vivido estos orígenes personalmente.

Mientras que el alemán en la patria no querría admitir que la guerra mundial, para nuestros múltiples opositores, fue consecuencia de problemas económicos o de sentimientos anti-alemanes sobre la base de una política de potencia, el alemán de más allá de nuestros confines ha visto cómo todo aquello fue conscientemente preparado. Mientras el alemán habitante de la propia tierra hoy reniega de las motivaciones que condujeron a la guerra.

Aquella situación de peligro que empujó en tal sentido, y acabó con ver una culpa de la nación de la entrada en la guerra. El alemán del extranjero sabe quiénes son los culpables por haberlos observado y conocido.

El fin de la guerra ha golpeado del modo más duro al alemán en el extranjero. No solamente ha vuelto más difíciles sus condiciones de vida, sino que sobre todo ha reforzado sus concepciones, acrecentando así su aprensión por Alemania. La guerra ha producido un alemán mejor, un alemán consciente: el alemán político, el único alemán que sabe que el mundo de fuera es diferente de como lo había concebido.

Los alemanes siempre han tenido conocimientos del trato con otros pueblos. Ya el oficial romano de origen germánico, que fue nuestro primer nacionalista, llevó consigo de Roma el odio en las comparaciones de los romanos que hizo que se llamase a la recogida de la patria en una lucha de liberación contra el dominio extranjero. Igualmente las características romanas de los reyes germánicos produjeron aquel dualismo italo-germánico que caracterizó al Medievo, cediendo luego a aquella contraposición franco-germánica que fue heredada por la moderna nación alemana. Tanto Lutero como Von Hutten fueron las figuras decisivas para la formación de nuestra conciencia: tanto la Reforma como el Humanismo definieron el carácter nacional alemán y en términos políticos al nacionalismo.

Las consecuencias de la Guerra de los Treinta Años no fueron de distinto carácter: la durísima prueba no estuvo privada de consecuencias saludables, más bien contribuyó al despertar de una conciencia reducida a cenizas, de una nación destruida. Mientras que las mentes más débiles entre la gente cedieron al extranjero, las mentes excelsas y los caracteres fuertes entre los príncipes como entre los estudiosos ganaron una conciencia firmemente alemana. Entonces fue Leibniz a través de sus escritos quien trató de fijar todo aquello que fuese alemán, de la lengua al imperio, y se transformó así de filósofo a audaz político resuelto en las relaciones exteriores, con una clara visión diplomática-especulativa más allá de todo su «proyecto egipcio», propuesto a Luis XIV, por querer evitar el peligro de la rapiña occidental. Durante la revolución se levantaron aquellos del club de Magonza, pero se trataba solo de un par de espíritus originales sin profundidad espiritual, colocados bajo las ruedas del carro de la libertad, mientras que el hombre decisivo se formó en Francia y de aquí lucho por Alemania. Este hombre no fue Georg Foster, criado en Inglaterra y después en Rusia, que de joven expresa una concepción totalmente innovadora del mundo y de los pueblos. Forster hubiese sido el conductor de nuestra política exterior en el caso de que hubiera encontrado para ello las bases en Alemania de un pacto, si lo hubiera buscado. Tal hombre fue un Joseph Görres. También él había tenido una larga relación con los republicanos de Magonza, pero debió ir a París para vivir allí el momento de su transformación, transformación que adquirió caracteres emblemáticos asumiendo uno de los acontecimientos más significativos de nuestra más reciente historia interna. La madurez adquirida en Francia le enseñó cuáles serían las diferencias entre los dos pueblos, entre sus valoraciones nacionales, morales y políticas que no permitían homologación alguna. Así Görres rechazó con valentía aquel occidentalismo del cual antaño era un apasionado y que había podido conocer de cerca. Y el decidido revolucionario, que fue llevado a Francia, regresó como el patriota más encendido que ahora se arrojaba contra Francia, contra la república, contra Bonaparte. Había tenido la experiencia del exterior, experiencia que fue y será siempre de suma importancia, y por sí sola capaz de dar al alemán la conciencia de ser alemán.

Ahora bien, el alemán de frontera en el último siglo ha vivido esa experiencia de sentirse en tierra extranjera. Él ha nacido en medio de una lucha de nacionalidades, ha sido educado en ésta, ha crecido con ésta. Los alemanes de los confines eran la guardia de los avanzados, allí dejaron el gran movimiento migratorio alemán que le había empujado hacia Oriente. Pero los alemanes ocupantes del suelo de la patria no supieron poner el fruto de las experiencias de estos connacionales, no supieron extraer provecho alguno de la dura lucha que fue combatida aquí para tener peso político, allá para obtener territorio donde asentarse; aquí por una escuela alemana, allí por un sueldo alemán.

Los alemanes en Alemania no sabíamos nada de la lucha que se desarrollaba a lo largo de los confines del Reich. Igualmente ignorábamos a los connacionales que estaban profundamente infiltrados en los estados extranjeros. Cuando nuestras gentes, durante el curso de la guerra del Báltico, llegaron a Siebenburgen, en Tirol, se sorprendieron al encontrarse con compatriotas. Quedaron realmente sorprendidos cuando se toparon cerca del Mar Negro, en Crimea y el Cáucaso, con colonias suevas. Y quedaron al fin turbados al escuchar a soldados americanos hablar alemán. Mientras tanto los austro-alemanes creían en la guerra nacionalista dirigida por la monarquía, y todavía hoy en la oposición a eslavos, magiares o a italianos, utilizando el carácter alemán como elemento de lucha, aquel carácter contra el cual originariamente habían luchado. Pero siempre percibimos más en su modo de ser algo de austriacos y no de alemanes.

Mientras tanto, el siglo XIX había producido un elemento germánico más allá de los confines según aquella acepción que el concepto asumió del Reich. Esto creó al alemán, que tuvo tendencia a la aventura, pero que por su capacidad económica y comercial abandonó una patria que para él había llegado a ser demasiado exigua. Creó a un alemán, que hoy también se siente responsable de la germanidad que ha llevado al mundo, que ha introducido en territorios extranjeros a los cuales ha llegado, y que siente que cada acción y empresa suya tiene un carácter alemán.

El hombre que ha ofrecido vivo ejemplo en tal sentido es Friedrich List. Cuando fue de hecho expulsado del pueblo, no encontrando lugar en Alemania para desarrollar su actividad, abandonó Europa emigrando a América, comprendiendo cuán exiguos fueron los recursos en su patria alemana, lo que alimentó en él un sentimiento de vergüenza por su propia tierra, aunque también una ambiciosa voluntad de rescate. Puso en comparación a los pueblos bajo la creencia en la capacidad de movilidad y adaptación del pueblo alemán, y que, arrancado de la angustia de su realidad, habrían podido alcanzar aquello que los otros pueblos habían conseguido gracias a la buena suerte. También List abrió su corazón al germanismo. Y todavía desde el exterior dirige a su pueblo palabras a modo de confesiones en nombre de todos los alemanes del exterior: «El punto central de todos mis pensamientos es siempre Alemania». List tambien vivió la experiencia del exterior, la cual condicionó su actitud. Ésta garantizó un modo de pensar del cual el alemán de la patria no podía disponer fácilmente. Era un pensar en grande, en sentido espacial, como en las grandes perspectivas políticas.

Cuando List regresó entre nosotros, aunque no por un cargo público, que no podíamos ofrecerle, y tampoco para competir en aquello que fuese posible utilizar sus dotes como organizador, sino como publicista que escribía para Alemania, pudimos entonces jactarnos de ese gran pensador, aquel gran historiador y economista, además de político, proyectado hacia la política exterior. En sus escritos trataba especialmente aquellos problemas europeos, que habían conducido a la guerra mundial y a los acontecimientos sucesivos. Encontramos expresada la rivalidad anglo-alemana y ruso-alemana que ha sellado nuestro destino bélico. Y encontramos el apoyo a una política balcánica, del Cáucaso y de la India, que permanecerá siempre como motivo político siempre vivo para los pueblos europeos. List, ciertamente, no pudo construir los ferrocarriles ni las flotas que puso en marcha en su pensamiento político. Él pereció por su pasión por Alemania.

He aquí otro alemán, que no se perdió en el exterior: un alemán de más allá de los confines, hombre político de nivel mundial, que pensó en las vías comerciales, a las cuales, como bien sabía, sería seguida la política, ya que poseyó una conciencia política, dado que era a la vez un filósofo de la historia y un práctico, que supo unificar a Alemania en su amor por Alemania.

La obra de unificación de Alemania hizo que su visión política mundial cediese el paso a la idea nacional. Bismarck pensó de manera pequeño-continental. Probablemente Moltke, que había estado en Oriente, pensó de forma más europea que él. Bismarck se encontró en medio de acontecimientos a cuyo servicio puso su arte política; no pudo prescindir de la relación entre las dinastías reinantes y sus territorios. Él no colocó ni a Inglaterra ni a América como adversarios en su cálculo político-diplomático. Pensó siempre en Rusia, pero no tuvo en consideración alguna a Japón, y sólo superficialmente supo atisbar una nueva época en la cual la rivalidad franco-alemana por Alsacia y Lorena perdían significado respecto a las relaciones entre los grandes territorios del mundo. Pero su *Realpolitik*, que era sobre todo política del presente, se desvió rápidamente de estas fantasías que se adhirieron a un futuro reparto de Oriente entre Inglaterra y Rusia. En este ámbito Bismarck sentía un malestar, al no estar en posesión de una capacidad suficiente, mientras Friedrich List y, sucesivamente, Constantin Franz, como políticos del futuro, se encontraron cómodos en tales circunstancias.

La visión de una política exterior de mayor amplitud se concretó por primera vez bajo la idea de una Gran Alemania, y el flujo migratorio de la década del 1880 preparó dicho cambio. De forma que doscientos mil alemanes salían cada año fuera de los confines del Reich, perdiéndose así para la nación. Representaron un sacrificio de la superpoblación; tras la fundación del Reich «Pequeño-alemán», se desencadenó algo no previsto. Esta tendencia representó una forma de disipación, mientras que, en efecto, se podrían haber mantenido nuestras fuerzas en nuestra tierra, también, o justamente porque, eran un excedente de fuerzas. Se instauró una tendencia autárquica. Transformamos nuestra industria en una industria de exportación tanto en lo que se refiere a productos como a hombres. Procedimos a transformar al hijo del campesino en obrero. Los objetivos fueron alcanzados, aunque no sin efectos sobre nuestra salud. Frente a las consecuencias deseadas se desarrollaron otras no deseadas por el hecho de que de los doscientos mil alemanes solo veinte mil permanecieron fuera de los confines del imperio. Y estos veinte mil se volvieron alemanes en el exterior.

Ellos no eran ya aquella ignorante masa de pobres, titubeante e insegura. Ellos constituyeron elementos seleccionados, personas que fueron llevadas a tierra extranjera con plena conciencia de lo que se buscaba. El alemán establecido en el exterior representaba la voluntad de vida mutada de una nación que, debido a las complejas vicisitudes de su historia, por largo tiempo investida por el hábito burgués, estaba dedicada a una actividad que había tenido un desarrollo creciente y que ahora andaba por el mundo en busca de reconocimiento. Estos emigrantes alemanes representaban el materialismo de esta nación, pero lo hicieron con un entusiasmo profundamente humano, aunque luego se tratase de una humanidad «solamente» comercial. Era el último entusiasmo de aquel celebrado idealismo de los alemanes, todavía vivo en una época en la cual la tradición había sido reducida a un estereotipo y que de la mano de los epígonos había perdido toda credibilidad. Entre éstos el entusiasmo se mantenía todavía puro, experimentado entre los hombres que, sobre todo, sentían la obligación de afirmarse. Ellos habían adquirido una aguda objetividad, derivada de la técnica, cuyos descubrimientos y cuyas evoluciones los alemanes de los confines supieron transformar en valores peculiares de la nueva realidad, una realidad de ultramar. Ellos compartieron tales características solamente con las nuevas fuerzas militares, concretamente con la marina, que por lo demás se movió en el mismo ambiente. También en su actuar, de raíz exclusivamente comercial, se podían localizar en el mar o en el aire con un fuerte sentido de libertad. Estos nuevos emigrantes volvían a ser aquello que habían sido nuestros pioneros, nuestros viajantes. Los hombres de la avanzadilla, que ocuparon nuestras colonias o se establecieron en tierras extranjeras.

Necesariamente estos emigrantes alemanes constituyeron una expresión de la era Guillermina. Y no en sentido abstracto sino real. Vivieron como alemanes entre pueblos enemigos, en una situación de fuerte rivalidad entre varios estados. La reputación del Reich crecía a medida que se difundía la lengua alemana. Y ahora, después de una época de escasa difusión, el alemán se vino hablando sobre todo en las costas donde primero se hablaba español y más tarde inglés. Y precisamente estos habitantes siempre tuvieron presente la figura de su emperador, y a la vuelta de estos buscaron afirmar en el mundo el valor de la propia nación, según una tendencia común a las otras naciones. Todo esto iba más allá de un cierto diletantismo alemán, pero igualmente estaba privado de ese elemento romántico. En ello veíamos, en efecto, la inadecuación, mientras percibíamos sobre todo la totalidad de su desarrollo histórico. Que residiesen en Génova o en Casablanca, en Ciudad del Cabo o en Singapur, tenía el mismo sentido para ellos que un puerto para un barco alemán. Eran hombres positivos. Ellos no hicieron críticas equivocadas solo porque fueran más visibles o más expuestas como les gustaba hacer a los alemanes de la patria. Los alemanes del exterior eran decididos críticos de la burocracia, y llevaban consigo el mismo espíritu de camaradería allende los mares. Eran también las notas críticas de nuestra tendencia consular, experimentaron contra la población del mundo según los métodos de una mísera y, por otro lado, antigua arte administrativa, en un tiempo elaborada en el ámbito restringido de un pequeño estado. Estos alemanes llegaron a ser también los críticos sarcásticos de una política imperial que se creyó al cargo de unos problemas enormes con su sencilla diplomacia, con una política conducida al día, producto de una visión incierta y una voluntad todavía más peligrosa nacida de la benevolencia de los partidos, expresada en la acción del Reichstag, que de los tiempos de Bismarck había olvidado mucho, pero aprendido poco, y que se resolvía en una controversia inconclusa.

El emigrado alemán era el hombre de las grandes empresas, sustraído de la vida mísera y restringida de la patria. Con su sensibilidad permaneció siempre vinculado a la patria; pero su conciencia política crecía por encima de ésta, desde el momento que había conocido otras tierras, costumbres e instituciones políticas. El deseo de aventura lo había empujado lejos; ahora tal deseo estaba apagado. Pero hasta cierto punto se despertó en él una insana nostalgia. Muchos eran los momentos en que el emigrante alemán se sentía particularmente cercano a la patria: en su aislamiento tropical pensaba en la lejana granja y en los colores de la primavera pura nórdica o del otoño. Vivía así en vilo entre el deseo de tierras lejanas y la nostalgia de la patria; pero era un hombre demasiado fuerte para llegar a ser problemático. El emigrante alemán había tomado una decisión. En la nueva tierra había llegado a ser libre, había alcanzado aquella distancia de las cosas que sólo el espacio concede al hombre. Había recobrado el derecho sobre sus dominios, se volvió dueño de su actuar, y eso le dio sentido a su existencia o, como él decía, le daba sentido a cada existencia.

Pero justamente en el exterior se reconstituía la idea alemana. Aquella vergüenza para Alemania, que un día probó List, ahora dejó sitio al orgullo por Alemania. Ese orgullo había sido despertado con la unificación del Reich, y había producido, por otro lado, la unidad interna entre todos los alemanes en el exterior que no existía en el Reich a pesar de la unidad formal. Esta unidad formal fue alcanzada con la formación de una idea alemana, con la solución definitiva de los desacuerdos y la fragmentación que había caracterizado a nuestra historia. Donde los alemanes del exterior se constituyeron de forma unitaria, desapareció la sensación de sentirse como supervivientes; no hubo más oposición entre católicos y protestantes, entre alemanes del sur y del norte, ni ningún otro de los odios que enfrentaron a los prusianos. El austríaco era obviamente un alemán. Lo eran también los alemanes de los confines. Aquella vía, al menos para los

alemanes del exterior, era caduca. Para ellos el resto de Alemania
no era lo suficiente grande. Alemania constituía el sostén, la certeza
en el mundo. Pero el alemán del exterior, de hecho, no tenía solo la
necesidad de referirse a sus raíces para sentir cuánto había crecido
por encima de éstas. Él tenía una viva conciencia de cuál era la
fuerza que residía en el estado prusiano, en un Reich así reforzado, en
una potencia mundial en expansión de la cual él era representante.
Pero su sentido del mundo era todavía más grande que aquel de la
tierra, su sentimiento del mundo era más grande que Alemania.

La novedad de este «germanismo» estaba representada por el
no dispersarse en cuanto ciudadano del mundo. Esta característica
era válida para todos los alemanes alejados de la patria y se les
adhirió en cuanto alcanzaron el pueblo extranjero. El emigrado supo
despertar admiración, una admiración que se vertió en el interior del
pueblo alemán.

Pero este tipo de alemán quedó como la excepción. No se iden-
tificó con aquel tipo humano que surge así, repentinamente. Por el
contrario, en el exterior se encontraba más allá del diplomático de
opereta, de aquel alemán de bajísima extracción, expresión de aquellas acostumbradas maldades nacionales. Por un lado el alemán con
su tendencia «consular», y por otro el alemán ruidoso miembro de
la conocida categoría de los turistas en busca de diversión. Ha sido
un alemán experto en arte, y no un comerciante el que dijo: «Si
en el exterior no me han tomado nunca por alemán». El pobrecito
no pensó nunca cómo estaba traicionando con estas palabras sus
orígenes de verdadero alemán.

El verdadero alemán que vive en el exterior no ha negado nunca
la germanidad, siempre la ha reconocido. Sobre todo nunca ha com-
partido la francofilia de los intelectuales. Él conocía a los franceses
como a los portugueses. Ve que estos pueblos no están la altura
de desarrollo de aquellos con los que les tocó competir para poder
ser considerados verdaderamente colonizadores. Bien diferente era
la situación de los ingleses. El inglés entró en competición con el alemán. Llegó a ser su antagonista. El alemán asumió de esto la gran
práctica derivada de la vida en Ultramar. Pero lo hizo con el cuida-

do de darle una forma específicamente alemana, transformando la actitud del gentleman inglés en la propia del «hombre de mundo» alemán. En los latinos, el alemán había reconocido a los herederos de una pasada época colonial, demasiado decaídos para ser todavía conquistadores. En los anglosajones reconoció, por el contrario, a los representantes sobrevividos de la época colonial, que llevaron la idea, la experiencia y la capacidad del conquistador y estructurador moderno. Él reconocía la capacidad de los ingleses. Pero no por ello ocultaba una radical diferencia. El alemán no era solo voluntarioso. También sabía expresar genialidad. Mientras los ingleses mostraban siempre esa rígida y estúpida inaccesibilidad que siempre ha caracterizado su comportamiento cuando ha encontrado poco ventajoso transformarla en verdadera dureza. El alemán en el exterior era más espontáneo, más amigable, para él la vida en Ultramar no significaba un sueño por el que dejarse llevar, sino una empresa que afrontar con energía y alegría. En la auto-justicia de los ingleses en el exterior continuaba viviendo la tradición puritano-utilitarista. En el alemán emigrado convivían la tradición idealista y la militar. Con él se estaba preparando un nuevo tipo de emigrado europeo, al cual se le podía dar crédito en aquello que él mismo creyó que podía hacer: produciendo una nueva época colonial diferente a la de los ingleses.

De tales contrastes entre los pueblos y el alemán emigrado se vio surgir la guerra mundial. Su estallido no representó para él una sorpresa, ni lo fue su conclusión. El conocía a los franceses y conocía a los ingleses. Sabía a lo que atenerse ante ellos como vencedores. La paz de Versalles caza a los alemanes de aquellas tierras que creyeron que habían sido adquiridas definitivamente por la madre patria. Interrumpe además todas aquellas vías de explotación en el mundo, en las cuales los alemanes estaban interesados, y destruye el comercio moderno, el tráfico moderno. Sobre el mundo alemán se cierne como un castigo, por el cual vinieron penalizando el trabajo y la capacidad, el descubrimiento y la iniciativa. El tratado de Versalles castiga justamente aquello que los alemanes y japoneses habían reconocido como los creadores de un modelo colonial europeo, con la pérdida de sus propias colonias. Y la justificación sería dada por el hecho de que se habían demostrado inadaptados para la colonización y, por ello, indignos de posesiones coloniales. El alemán continental no ha comprendido todavía esta lógica. El alemán en el exterior la comprende muy bien. El alemán continental no comprende todavía la guerra mundial. El alemán en el exterior la comprende. Ha sido un alemán del exterior el que ha pronunciado la palabra de la «guerra comprendida», y todavía hoy es el único alemán en comprender, por experiencia propia, que la guerra ha sido una contraposición entre pueblos viejos y jóvenes, en la cual los pueblos viejos han vencido una vez más. El pensamiento de los pueblos jóvenes era el pensamiento que animaba a los alemanes que vivían en el exterior. En esto reside una particular tragicidad.

No existirá nunca más una realidad alemana en el exterior. El deseo de Ultramar que vivía en ellos ha terminado. Y la fuerza que todavía lo anima deberá ir contra la tierra firme que, a través de Rusia, se abre hacia Oriente. También aquí encontrará a su enemigo tradicional. También aquí tropezará con los ingleses. Pero en el mundo, de su breve época de conquista, permanecerá solamente la huella indeleble del mito. Un mito que permanecerá vivo en todos los mares del mundo; será el mito africano que permanecerá siempre vivo en el recuerdo de los distintos fieles y valientes reunidos en torno a la figura de Letow-Vorbeck. Será el mito que el poeta de la saga de Olewagen ha cambiado por el destino del elemento alemán y de los Buriatos del sudoeste que tiene esculpido en su sólido y gran arte del lenguaje.

No seremos más alemanes en el exterior. Pero quizás la historia tenga preparada una venganza tardía. La guerra mundial ha dividido nuevamente la tierra. Pero vendrá el tiempo en el cual las partes del mundo pertenecerán a sí mismas. Y habrá sido la Guerra Mundial la que habrá producido estas transformaciones. En Oriente, China, La India o Egipto quieren liberarse de la dependencia de Europa. Los dominios australianos serán un día australianos, o americanos más que ingleses. En Sudáfrica, hace poco que se han convertido en Boer. Cuando todos estos destinos se ejecuten, los alemanes en el exterior no serán más los hijos de aquellos europeos afanosos en la defensa de las últimas posesiones coloniales. El «fin de la época colonial» no les importa a los alemanes en otros países. Ellos ya no están por esta labor.

Pero la idea alemana permanece. Hay en el elemento alemán en el exterior una educación del pensamiento político llevado a amplios espacios y a tiempos lejanos. Y al menos será válido el aprendizaje de la Guerra Mundial, cuando nosotros por una experiencia indirecta nos volvamos hacia todos los alemanes del exterior en un sentido espiritual, por el cual después de la guerra recuperaremos algo de lo que habíamos perdido antes de la guerra.

III EL «OUTSIDER» COMO VÍA HACIA EL FÜHRER

«Der Tag», 15 de enero de 1919

Éste no podrá adherirse nunca a un partido político.

Izquierda y derecha son palabras que han perdido todo su sentido ante la totalidad. Y quien ahora busca una vía a través de la cual acordarse, no ha hecho otra cosa que elaborar zonas comunes que quieren decir todo y no quieren decir nada. La totalidad se plantea solo para quien es capaz de ver en perspectiva: para quien toma distancia, para quien tiene una visión de conjunto, estos son los «outsider».

El partido es mutable. Los partidos solamente ven su propia facción. Los partidos se interponen entre nosotros y la totalidad. Los partidos son una superestructura. Poco a poco los partidos han ido atando a las masas de modo que éstas han acabado por identificarse con la totalidad. Los partidos mismos son identificados con la totalidad. La totalidad misma ha sido partidocratizada.

Pero la cuestión era diferente mientras la vida activa de la nación se desarrollaba de forma independiente respecto a los partidos: La nación seguía leyes propias que le garantizaron seguridad en el ámbito económico hasta 1914. Un desarrollo que extraía la fuerza de sus propios recursos. Pero hoy, en 1919, con la partidocratización, con el dominio de la variabilidad histórica sobre la base de la contundencia y con la usurpada pretensión del bien de la nación, el discurso es bien distinto, desde el momento que la vida es transformada en vida política y cada posible desarrollo se identifica con nuestro destino.

El problema de la nación debe ser afrontado ahora. ¿Quién reconduce su vida a la razón sobre la cual puede fundarse todavía la totalidad? Porque la vida es siempre simple. Cada futuro vuelve naturalmente la mirada hacia su pasado y no entiende cómo los hombres han podido hacerse la vida tan difícil, desde el momento en el cual se perdió la unidad. Reconociendo hoy tal principio unitario podremos llegar a ser partícipes en la vida de la nación, destacando sobre aquellas formas de relativismo llevadas a cabo por los partidos que veían en éste principios absolutos.

El pueblo tiene un olfato particular para estas elecciones decisivas. Posee, también en democracia, de la desconfianza de las «muchas cabezas». Ve claramente estas cabezas y comprueba, en una silenciosa comparación, si serán capaces de pensar «una por todas». El pueblo espera hoy hombres que puedan decirle lo que deben hacer. Entienden a aquel hombre que no ejercita el arte de la discusión mediante la cual los partidos suelen engatusarlos. El pueblo espera en una palabra que vaya más allá del presente, que les abra las puertas del mañana, palabra que no ha sido todavía escuchada.

En democracia, el pueblo debería elegir solo a aquellos hombres con capacidad para pronunciar esta palabra: Y no será un mero sonido, sino algo más importante, nacerá de la fe, una fe escondida pero que de manera sincera y luminosa sabrá unirse a los que sienten su vida crecer en armonía con el principio de la totalidad. El tiempo de los comandantes ha terminado. Pero para el gobernante ha llegado el tiempo del pueblo, ha llegado para el outsider que espera el momento oportuno, como el pueblo lo espera a él: Para el hombre que lleva consigo una visión amplia y está listo para ponerse en riesgo a sí mismo con tal de conseguir su objetivo.

Este hombre siempre ha existido en Alemania. Ningún pueblo como el alemán constituía una nación en la cual los personajes destacados, los verdaderos hombres, estaban aparte o han estado lejos de la vida pública contra su propia voluntad. Por ese motivo el Estado ha podido, finalmente, constituir el sistema actual, en el cual han triunfado la arrogancia y la mediocridad, características que han constituido siempre prerrogativas de los epígonos, en contra de aquellos valores alejados al considerarse incómodos, y que hoy, por el contrario, sabemos fundamentales para la vida de una nación.

Por eso hoy debemos recuperar muchos valores, valores en un tiempo existentes pero que abandonamos a lo largo de nuestro camino. No sin razón hoy buscamos engancharnos a aquel desarrollo que Stein buscó fijar en las células de nuestra vida común, y que Friedrich List, una generación después, acordó introducir en las células de nuestras vidas económicas, y justo en tal punto es donde el desarrollo se interrumpe. Fue perdido en el curso del siglo XIX que desde Fichte hasta Lagarde había sido producido, pérdida que nos costó realmente cara en la Guerra Mundial: Dar seguridad al estado mediante la unidad territorial, hacer que el pueblo alemán pudiese ocupar el propio suelo y acoger en este contexto nacional a todos aquellos pueblos afines antes de dirigir la mirada hacia una política mundial. Pero por tales carencias, sea antes o después de 1848, no se pudo alcanzar la añorada unificación: fue necesaria la acción de Bismarck, el outsider por excelencia, que con la voluntad debió doblegar la historia y que eligió la vía prusiana como la más directa para la edificación del Reich alemán.

Durante los 44 años transcurridos entre Bismarck y 1914, ha dominado en nuestro pueblo la idea de un germanismo «corriente», principio que hemos visto siempre como algo extraño; y esto nos ha conducido a una oposición y a un aislamiento y, en suma, a sentirnos *outsiders*. El otro gran outsider, Nietzsche, al cual consideramos al último gran alemán de todos los tiempos, se dirigió contra este «bien pensar» alemán, se dirigió contra Alemania como Reich, contra el espíritu alemán, que él buscaba y que no encontra-

ba más. La violencia que caracterizaba sus reacciones era el síntoma
de una profunda insatisfacción hacia sí mismo, que se infundía en
la secreta conciencia de que la nación y constituía la contrapartida
de aquella profunda alegría que animaba su vida. Después de los
años de formación, el país llegó a su madurez, a la plenitud de la
acción, y se afirmó una tendencia totalmente alemana, largamente
tenida en la sombra, todavía latente en el espíritu de la nación: El
elemento técnico asumió la dirección de Alemania. Ésta llegó a ser
el país más moderno de Europa, caracterizado por la energía de la
eficiencia, y se sumergió en una industrialización que, superado el
carácter experimental alcanzado, asumió una forma estática.

Así que también en esta capacidad productiva se rebeló alguna
cosa no genial: una fría regularidad, una miserable ordinariez, una
simple laboriosidad, un contraste entre concreción y derroche. En
cada caso una afluencia de materialismo privó de aquella vitalidad
que los alemanes concebíamos. Las naturalezas superficiales se con-
tentaban con una visión puramente crítica. Expresión de tal cultura
fueron los partidos. La verdadera sustancia de las cosas fue perci-
bida solamente por los *outsider*. Pero justamente el Estado había
sustituido la personalidad por la burocracia, oponía la arrogancia de
quien se jactaba de poder actuar de forma irreprensible. El Estado
mantenía su arte, su iglesia y su enseñanza superior ignorando la
raíz de los problemas. Sin embargo, después era obligado a absolver
las tareas apremiantes e inherentes a la vida de la nación y enco-
mendarse siempre al servicio del *outsider*, reclamando ahora a uno
y luego a otro aquello en lo que nunca habían tenido necesidad de
ser geniales, pero en lo que por lo menos permanecieron adheridos a
la realidad. Sin embargo, este Estado prefería todavía a los serviles
que se posicionaban desde una dócil oposición, que se consideraban
la de los *outsider*, y que con habilidad supieron explotar ante el li-
mitado funcionamiento de la burocracia. Un diletantismo sin límite
hasta entonces había dado lugar a la violencia en Alemania; siguió
entonces una serie infinita de compromisos. Y desde esta desagra-
dable mezcolanza entre conocimiento e incapacidad, entre falta de
prevención y experiencia en el último análisis, se produce nuestra

derrota: los años de los fundadores habían dado lugar a los años «sin escrúpulos».

Y ahora sería preciso preguntarse si este estadio de nuestro desarrollo habría sido superado también sin la guerra; si el tiempo y un cambio de generación habrían bastado finalmente para liberar a las fuerzas latentes de la nación. La guerra ha eliminado los problemas de 1915 sustituyéndolos por aquellos más apremiantes de 1919: En lo que concierne a nuestra capacidad vital, nos preguntamos si sería posible mantener la obra de 1870 también en una situación alterada, y dirigirnos hacia un desarrollo en lugar de hacia cualquier cosa que percibimos como ocaso.

Del pueblo solamente puede venir la salvación; y él debe proveer la fuerza para tal rescate. Pero la voluntad de salvación es su condición, un impulso espiritual para superar los problemas de nuestra historia futura, y puede, según una visión muy alemana, venir desde la distancia de todo, desde una visión de conjunto: desde los *outsider*, hombres que saben pensar de forma estatalista-conservadora, como en términos sociales o socialistas, con la capacidad de llevar adelante de manera creativa el pensamiento político y económico de Stein y Friedrich List. Fue ante todo la guerra, con la economía bélica, con la dificultad a la cual fuimos avocados, la que nos obligó a comprometer a los *outsider*. Ahora será la emergencia de la paz, de la futura economía, del futuro arte del Estado para hacer fructífero el trabajo, a partir del cual, en modo teórico durante la guerra, estábamos preparados para enfrentarnos a las condiciones mutadas de existencia: Por un nuevo Estado, por una vida organizada, por la nación como una forma organizada de la naturaleza, que debe llegar a ser una forma organizada de la política.

Todos los *outsider* de hoy – y este es el elemento nuevo, extraordinario y así prometedor – no quieren más teoría sino más bien aplicación. Podremos pensar en Plenge, Karl Kenner y Richard Von Moellendorff. Fichte escribió «El estado comercial cerrado» sobre la base de una ideología en la cual el elemento realista se mezclaba con el utópico. Nietzsche anunció su mañana y el después del mañana. Ahora se hace apremiante un hoy para hoy. Por primera vez en nues-

tra historia, vemos que los *outsider* no quieren la parte que ha sido
programada, sino que quieren aquello que, hasta ahora, nos había
sido sustraído. La situación ha cambiado y, antes de los partidos que
se arrogaban el derecho de representar a la totalidad, viene ahora
el peligro de la disgregación de la totalidad, de una conjunción que
conduce al fin. La realidad, por el contrario, se reclama a través de
los *outsider*, en la totalidad un punto seguro de acogida.

En esta nueva realidad no hay más sitio para los partidos: los
partidos deben de someterse. Es un paso necesario que puede que no
impida un estancamiento de la vida. En este sentido ellos permane-
cen inactivos, mientras que su programa podría parecer avanzado:
las figuras que se mueven en los partidos siempre cerradas desde sus
doctrinas como desde sus puntos de vista personales – y fracasan
ante la realidad concreta considerada desde la incertidumbre que
ha provocado el miedo a no poder desviarse de su proyecto. Por el
contrario, los *outsiders*, buscan aquel punto que les conduce a la
totalidad: así saben encontrar aquella centralidad que les permita
poner en movimiento la totalidad – o la posibilidad, en tiempos revolucionarios, de reconducir la paz, que solamente puede formarse
mediante un movimiento que significa crecimiento.

Los *outsider* de hoy buscan asegurar el crecimiento de su pueblo
sobre una base natural, lo cual es, sin embargo, complicado. Cada uno de ellos representa un punto de vista particular, pero no se
contradicen. Se completan en la totalidad, porque la visión de cada
uno está en función de tal totalidad. La filosofía de la organización
(Plenge) no contradice la limitación del sector comercial (Kenner)
ni la consecución de una economía comunitaria alemana (Moellendorff). La suma de sus exigencias es una globalidad que hasta ahora
habíamos descuidado por error.

Los *outsider* son el punto avanzado, quizás también la superación de determinadas exigencias en determinadas direcciones. Pero
ellos, con sus propios conocimientos son innovadores, dan estabilidad a su capacidad de decisión y coherencia al pensamiento. Son
portadores, son anunciadores, son representantes de grandes visiones. Y justo en esto reside la garantía de una gran universalidad.

Pueden pertenecer a un partido cualquiera, los demás proceden de los partidos más diversos, porque, de hecho, son un solo partido: Alemania.

IV REVOLUCIÓN, PERSONALIDAD, TERCER REICH

«Gewissen», 30 de mayo de 1920

Los revolucionarios alemanes habían afirmado que se debía poner fin a la revolución con la paz, para alcanzar aquellas condiciones de vida con las cuales poner fin a nuestra situación de crisis. Y, por el contrario, la crisis económica se vio agravada. La revolución de noviembre, que hasta ahora ha producido una desesperada ausencia de perspectivas y una profunda desilusión, ha afectado justamente a aquellos hombres que habían participado en ella.

Los protagonistas de la revolución de noviembre tomaron como justificación de su propio fracaso la situación de empobrecimiento a la que había sido reducido el pueblo desde la Guerra Mundial. Pero este empobrecimiento puede valer como justificación solo ante las masas. El empobrecimiento no puede nunca justificar la verdadera personalidad, que en una situación de crisis no permanece empobrecida, sino que crece, se eleva y se refuerza, mientras que los otros llegan a ser más débiles, porque las grandes personalidades están a la cabeza de la vanguardia de su tiempo. Con lo cual se debe a un defecto de la revolución alemana el no haber tenido éxito a la hora de formar a aquellos hombres capaces de reconducir a la nación fuera de la revolución.

De cada revolución es responsable el partido que la plantea. Ellos sólo disponen del impulso tumultuoso en su capacidad para realizarla.En esto se encarna la fuerza material de un movimiento que quiere vencer enseguida porque no cabe espera alguna. Del partido de la revolución nosotros debemos esperar también que sepa desarrollar la personalidad hasta el punto de llevar hacia adelante las

ideas elaboradas por éste. La revolución de noviembre fue una revolución socialista: desde el momento en el cual se afirmaron los
socialdemócratas, entonces pudo estallar una revolución en Alemania, conocido como el país del socialismo clásico.

Pero la socialdemocracia alemana tuvo el grave error de haber
elevado la falta de personalidad a guía de su sistema. Las grandes
afirmaciones del pensamiento socialista se ubicaron en una fase ini-
cial, cuando las ideas-guía fueron por primera vez concebidas por
hombres destacados: De Saint-Simon, de Comte, o también de Owen
y todavía por otros pensadores utópicos franceses que proyectaron
un fantástico futuro, bastante que desde las presuntas prácticas se
podría haber elaborado un cálculo estadístico.

Marx ya reprimió la personalidad desde el momento que la sa-
crificó al principio de la clase social. El marxismo se quedó siempre
con la respuesta culpable ante la pregunta sobre quienes fueron las
fuerzas operantes sobre las fuerzas inactivas. La concepción histórica materialista, que pretende aclarar la historia a través de las
clases, ha llegado a ser la peor educadora de la historia. El mal
alcanzó su culminación cuando ante Marx se presentó Darwin. Se
creyó entonces tener la prueba del hecho de que el desarrollo lo fuese todo, y el ser humano nada. Pero de aquello derivó solamente la
fatal correlación entre el exiguo valor que el socialismo atribuye a
la historia y el nivel de sus representantes. Faltaban los socialistas
de mentalidad superior y más previsiones. De otro modo, el socialismo, como partido político no habría cometido tantos errores en
el ámbito político-económico más allá de la dirección de la política
mundial.

El gran socialista alemán de este tiempo tenía previstos los problemas globales que habrían llevado a la guerra mundial. Era siempre él, Friedrich List, el economista que fue más allá de la doctrina
económica inglesa y que a partir de Alemania, elaboró una economía
planificada para Europa.

Pero el desarrollo del pensamiento socialista no supo inspirarse
en List, y su doctrina de los sectores económicos, demasiado tarde
considerada como la idea para la organización de un nuevo socialis-

mo, pasó, de hecho, inadvertida e incomprendida. El partido concede espacio solamente al organizador de partido, al agitador, al teórico servil, es posible que también capacitado, pero nunca al sindicalista creativo. Este tipo de elaboración produjo una soledad espiritual que vino a caracterizar a todo aquel que era socialdemócrata. El socialismo fue un movimiento iluminista, cuya miseria programática se reflejó en el contenido escolástico de los ensayos de Kautsky. Pero Bebel subrayó en un discurso, como gran mérito de la social-democracia alemana, el no poseer «autoridad», y, a propósito de la organización del Estado del futuro, afirmó que habría sido del todo superficial hablar «porque no sabíamos cómo iba a determinarse la situación» y, en términos histórico-filosóficos, añade «Es, por lo tanto, el desarrollo de las cosas el que cambia al hombre.» No, decimos nosotros, es el hombre el que cambia las cosas. Y no podemos extrañarnos del hecho de que un partido, fundamentado en esta forma de pensar, en el momento decisivo, cuando se convierte en fuerza política, no poseyese autoridad en condición alguna con la capacidad de imponerse. ¿A quién corresponde ahora la responsabilidad de esta revolución?

El socialismo ha negado también la concepción heroica de la historia, concepción en base a la cual sabemos que una crisis encuentra siempre a su hombre. Tenemos esta concepción en base al grato recuerdo de los tiempos de la guerra de liberación. Pero ahora tenemos del todo olvidado que los hombres de 1813 no eran tan elevados como nosotros, de forma idealista, los habíamos representado, y que no lo eran ante el pueblo. Todo aquello fue obra de Schill. Y Schill fracasó. Scharnhorst, Gneiseau y el *Freiherr* Vom Stein, por el contrario, habían cimentado año tras año un trabajo preparatorio que asegurase las condiciones para cumplir con tal tarea.

Esta Tradición dotó solamente una preparación exterior a la Guerra Mundial, mientras que la preparación interna era matizada por una concepción histórica romántica, a la cual nos tenía acostumbrados la época guillermina. Desde el punto de vista militar la defensa estaba todavía asegurada por el grandioso sistema edificado desde Von Clausewitz hasta Schlieffen. Desde la perspectiva supra-personal del Estado Mayor rápidamente surgieron aquellas ideas que nos condujeron a una lucha terrible sobre cuatro frentes, en diez países y contra veinte enemigos. Hasta Hindenburg, que siempre permanecerá como el comandante en campo de la Guerra Mundial, no pudo impedir que la venciésemos sobre el campo de batalla pero que la perdiésemos en la mesa de negociaciones – o que la mesa de negociaciones no recibiese todo cuanto habíamos conquistado en la guerra. Faltaba una preparación política. Cuando Ludendorff buscó, durante la guerra, recuperar todo aquello que antes de la misma se había perdido, era ya demasiado tarde. Él mismo no estaba preparado para afrontar aquellos problemas que quería resolver. Su justificación tenía todavía carácter heroico. Y cada vez que se piensa en Ludendorff se necesitan recordar las palabras de Nietzsche: «Se debe rendir honor al fracaso, justamente porque ha sido tal - esto pertenece a mi moral.» Pero también la voluntad de la gran figura puede imponerse si coincide con la voluntad de los hombres implicados en la acción.

Ludendorff no sentía tener las espaldas protegidas, no estaba seguro del apoyo de su propia nación. El pueblo inicialmente pretendió la revolución, y Ludendorff acogió esta exigencia.

El surgimiento y evolución del genio obedecen a otra ley, similar a aquella de la gracia, cuya elección es improvisada y arbitraria: deriva de la concepción heroica de la historia, de acuerdo con la cual cada situación de crisis produce al hombre apto para tal emergencia. Pero también la gracia quiere ser conquistada, por lo que no basta nacer con esta suerte de predisposición. Hace falta cultivarla y construirla. El surgimiento del *Führer* ha sido posible después de una larga preparación, unida a una serie de factores imponderables. Y estos acontecimientos a su vez son vinculados al tiempo en que se realizaron. Con esto no se invalida la concepción materialista de la historia. Ni esta perspectiva se traduce en la concepción por la cual la humanidad, como entiende Marx, debería poder asumir solo las tareas que está en disposición de poder resolver. La humanidad sí ha asumido, de hecho, varias tareas que no podía resolver porque los hombres no estaban capacitados para hacerlo. El peligro actual consiste en el hecho de que no habrá un socialismo alemán porque no hay socialistas alemanes. Marx se perdió en la idea del desarrollo; creía en el progreso. Pero, en efecto, la realidad no tiene un carácter progresivo, está caracterizada por momentos singulares de particular significado y valor. Y estos momentos no son producto de una masa homogénea, sino del individuo, de su carácter único e irrepetible.

La revolución ha representado una demostración de este principio. En Rusia, donde se armonizaba aquel genio nihilista de la raza, Lenin podía organizar estas fuerzas. Pero en Alemania, donde existía un pueblo en proceso de rebelarse, un pueblo no educado políticamente, el resultado fue totalmente diferente de aquel que era esperado por la nación. El socialismo de apenas tres generaciones esperó que el desarrollo del capitalismo determinase el ocaso de la sociedad burguesa y su transformación en una sociedad proletaria. Cuando al final de la Guerra Mundial resultó vana esta espera, no hubo guías capaces de interpretar esta situación inesperada de una forma que no fuese intelectual, periodística y barriobajera. La clase obrera quería surgir, pero surgieron solamente los oportunistas que se sirvieron de los cargos ocupados en los partidos como trampolín para ocupar importantes puestos estatales. Entonces la democracia nos fue dada, junto a aquellas palabras mentirosas a través de las cuales sería dirigido el pueblo. Mientras, un determinado grupo de poder se sirvió de ellos. Recibimos la democracia con la promesa de que todos los hombres dignos deberían tener la oportunidad de acceder a los altos cargos. Pero la democracia constituye, de hecho, solamente una cobertura a la mediocridad. Un demócrata no es nunca un hombre. Un demócrata es un demócrata. La revolución socialista produce la república capitalista. Y ellos también supieron valorar al hombre; lo hizo protegiéndolo de su clase militar: Noske. O bien lo hizo sin que fuese consciente de su actuación: Erzberger. Pero en la actividad parlamentaria, en la cual los individuos venían sustituyendo a los partidos, se realizaba una democracia formal, juzgada siempre positivamente también cuando sus resultados se mostraban insuficientes o censurables.

La necesidad por sí misma no produce nada. La mediocridad, también la más mezquina, acaba siempre por encontrar su propio espacio. La mediocridad se afirma allí donde una nación gradualmente se apaga. El pueblo percibe hoy el engaño del que debería convertirse en víctima. Éste no tiene confianza en una democracia que, en nombre del pueblo, determina el ocaso de una nación. No tiene más confianza en la unión como medio de salvación, pero espera la intervención de cualquier elemento extraño, de una fuerza superior.

No basta con votar para obtener la salvación. Sería verdaderamente fácil si bastase con introducir una papeleta en una urna para alcanzar una vida satisfactoria. Por el contrario no se logra salir fuera de esta situación de crisis, de la cual ha nacido la revolución, y que no se quiere resolver porque no hay nadie capacitado para hacerlo.

Necesita, ante todo, disponer de aquellos hombres con la capacidad de cambiar nuestro destino. No nos queda otra esperanza que aquella de una generación que no sea más culpable en nuestro destino. Esta generación vive aquí, entre nosotros. Pero ésta conoce el secreto del tiempo, sabe que cuando éste esté maduro, este destino podrá cumplirse. Esta generación está formada en la convicción de que los problemas producidos en su época les conducirán demasiado lejos para ser resueltos de inmediato. Por ello busca producir aquellas condiciones que le permitan su resolución.

Esta actitud no impide todavía que esta generación esté preparada para tal empresa. Pero una generación no es un partido: Ha roto con las ideas liberales e individualistas de todo género. Se ha convertido en la expresión de la nueva estructura de la nación, no más ordenada sobre el sistema de clases, sino apoyada sobre los vínculos naturales. No es tampoco un partido de los sin partido. Se coloca en medio de los acontecimientos, de la realidad, y desde aquí se presenta hacia los nuevos dogmas bajo los cuales solamente nos será posible vivir en un mañana. Esta generación ha comprendido las contradicciones de las oposiciones ideológicas que dividen a nuestros partidos separándolos del cuerpo de la nación. Ha entendido que, tanto las concepciones reaccionarias como las revolucionarias, tienden hacia una nueva unidad, que será la portadora de los nuevos tiempos. En este contexto se perfila un tercer partido por el cual no tiene más valor ni izquierda ni derecha, sino que se identifica con la totalidad de la nación y prepara el momento en el cual ésta sabrá reconocerse en esta totalidad.

Capítulo III

Preparatorios de futuro

I   MEDITANDO SOBRE FRIEDRICH LIST

«Norddeutsche Allgemeine Zeitung», n. 403, 1919

LOS grandes estadistas son aquellos que saben mantener bajo su poder en cada momento la realidad política de su propio pueblo. ¿Pero estos - se nos pregunta – crean de ello los presupuestos o encuentran la dirección? Los presupuestos que han orientado la política que Bismarck supieron conducir con una fuerza real-política más que simbólica lo seguirá proponiéndose, serán eternas, realidad de tierras, límites, limitantes. Pero los problemas van más allá de una población en crecimiento: Por largo tiempo fueron solo político-ideológicos, aunque en época de paz nos aparecieron como profundamente materiales y, durante la guerra, bastante crudos. Los problemas presentaban una secuencia más elemental y más catastrófica en la obra de Bismarck, que desde una posición intermedia y estática se desarrolló hacia los lados en movimiento. Y al más allá de Bismarck, que alejó tales problemas, a los que no dio importancia o buscó llevar adelante a través de los tratados diplomáticos. Mientras los *outsider* obtienen hoy el reconocimiento de haber previsto los problemas de la Guerra Mundial: Sobre todo Friedrich List, con su concepción económica, que hoy viene indicada como una concepción concerniente a todos los pueblos en su totalidad.

Con una experiencia mucho más basta que aquella de haber formado parte de la dieta de 1847, fue expulsado de la cámara de Württemberg en 1825 entrando en la vida de la nación. List comprobó durante su juventud aquella situación excepcional en la que, por primera vez, el viejo Bismarck, en el puerto internacional de Hamburgo, declaraba inaugurado un moderno buque de vapor: «Sí, esta es una nueva era, un mundo completamente nuevo». List entró en primera persona en este mundo totalmente nuevo, en un mundo que les ofrecía muy poco, pero del cual supo extraer el máximo para su formación. A propósito de América, donde emigró, dijo: «Me gusta todo aquello que es nuevo, porque casi siempre es mejor que lo viejo». Con aquello él se refería a la fuerza, a la potencia de lo nuevo.

Las impresiones recibidas en América durante la presidencia de Stephenson determinaron la visión política de List. Él aprendió mucho más deprisa que lo que nosotros hoy señalamos como pensar áreas geográficas. Aprendió también a ver la vida de la nación en su totalidad – sólo que su sentido práctico y sus conocimientos económicos, lo defendieron de casi cualquier romanticismo político, y su fantasía, aun cuando se identificaron los bonos de mayor riesgo y nuevas vías entre Europa, América y la India no le impidieron considerar primero los elementos concretos del desarrollo de un pueblo sobre sus posibilidades técnicas y políticas. List pensó de forma futurista, mientras que Bismarck lo hizo de manera histórica. List fue en realidad el primer futurista. Suya es una organización casi mítica y organizativo-activista. «Tengo la convicción de que se debe fundar una ciencia del todo nueva, aquella es la ciencia del futuro, que debe traer muchos beneficios como la ciencia del pasado.»

Esta valiente anticipación del futuro determinó la tragicidad de la vida de List: se hizo extremadamente inquieto, impredecible, y sus ideas fueron puestas en práctica por otros. Por el contrario, Bismarck procedía de unas raíces tradicionales y de la necesidad histórica: Él era la fuerza que sabía esperar, que partía del dato, que sabía aprovecharse del momento o del destino. También List quería la unidad de Alemania. Quería una Alemania «rica y poderosa». Pero faltó el estadista, y el economista trató de sustituirlo. Este fue su audaz proyecto. La unificación económica, pensaba List, habría llevado a la política. Pero la suya era una cuenta errónea. En la vida de los pueblos la política siempre es anterior, la economía viene después. La política, si se sigue el camino justo, viene realizada siempre por la política. Esto estaba bien claro en Bismarck. Y como consecuencia de la validez política de Bismarck, sobre una tercera parte de nuestro desarrollo reciente, se han comprobado situaciones económicas en las cuales también las ideas políticas de List, ahora con mayor razón, pueden tener el justo reconocimiento.

Después del tiempo de Bismarck, hoy nos aparece junto a aquel de List. Bismarck es el presupuesto, List la consecuencia final. La política de Bismarck se movía en el ámbito de los contrastes clásicos entre Alemania y las diferentes naciones. El contraste con Dinamarca tenía todavía una razón de ser, mientras que aquel con Austria había sido subsanado, y solo aquel con Francia había dejado una herencia todavía vigente. Por el contrario, ocupaban el centro político de la visión moderna, visión que List aplicaba a una edad futura del mundo. En Inglaterra y Rusia, List reconocía intereses estatales, conflictos raciales y centros de gravedad políticos que se desplazan, ante los cuales Bismarck, asumiría una actitud tranquilizante basada en una neutralidad ilusoria o en una amistad tradicional.

También Bismarck parecía poseer una comprensión de tales situaciones derivadas del conocimiento de la psicología británica y eslava. Todavía ninguna política realista le podía impedir pensar en perspectiva. Justamente por esto los acontecimientos que siguieron no le dieron la razón. Por el contrario, List reconoció rápido el peligro que representaba Rusia y que advertía para Alemania, Austria y Hungría a fin de que se defendiesen de Oriente. Pero comprendió sobre todo las intenciones de los ingleses, comprendió a Inglaterra por las raíces económicas de sus ambiciones en la política mundial, ambiciones que algún día se volverían contra Alemania.

List solía declarar, regresado de América y una vez en Alemania, que el propósito de su obra se situaba en Europa: Conducir la lucha contra el monopolio inglés, romper este monopolio. De la unión aduanera, List esperaba que Alemania se convirtiese en aquel apoyo que ni Holanda, ni la Liga Hanseática habían tenido en la lucha contra Inglaterra, apoyo que un país costero no puede tener si no está aliado con una potencia fuerte y radicada en su hinterland. Por lo tanto List buscó, en primer lugar, mediante tratados con ciudades portuarias, con alianzas con los pequeños estados de la Alemania central y con las todavía más pequeñas potencias marinas cercanas, constituir un bloque político-comercial seguro que pudiese constituir una Alemania unida. De él viene aquella exigencia de destruir las cabezas de puente de los ingleses en el Mar del Norte y sobre el Báltico Oriental: Entre éstas podía considerarse todavía Hamburgo desde el punto de vista de la política comercial, como la gran cabeza de puente en Holanda y Bélgica. List escribió contra Inglaterra su sistema nacional de economía política. Y su lucha contra Adam Smith se transformó en una lucha contra la política inglesa, estrechamente conectada con el carácter nacional británico.

List dijo a los ingleses: Habéis presentado la teoría liberal no como un principio destinado a favorecer el derecho de los pueblos, el bien común de la nación, sino vuestros propios intereses; vuestros principios cosmopolitas, los cuales incluso no continúan si regularmente no sirven para llevar hacia delante vuestros intereses en el mundo. Tienen, en efecto, el único propósito de impedir a las otras naciones su justa ventaja siguiendo su misma política. ¡Las doctrinas nacional-económicas de las que nos vanagloriamos tienen el mismo aspecto de la máscara filantrópica bajo la cual se sostiene la abolición de la esclavitud!

List analizó el carácter de los ingleses, su modo de pensar, la actitud de su espíritu de comerciante que identificaba bajo las maniobras territoriales. En primer lugar, List evaluaba aquella homogeneidad del pensamiento político inglés, el cual supo saber pensar en grande. Encontrándose en Londres, en la entrevista entre los parlamentarios Peel y Cobden, comparó la realidad inglesa con la situación de inestabilidad en la cual se encontraba su patria. En tal atmósfera concibió el proyecto desesperado de una alianza anglo-alemana, en la cual Alemania no debiese servir como agregada, y así sucumbir. Pero con esto no hacía otra cosa que prever la desilusión que Alemania podría haberse ahorrado. La idea que tenía él de esta alianza fue concebida solo como una posibilidad en el desarrollo de Alemania poco antes del estallido de la Primera Guerra Mundial. Pero es importante, porque demuestra en qué medida List fue un anticipador del futuro.

En su visión geopolítica reflejó punto por punto los problemas de una época en la cual se decidió la Guerra Mundial. Vio una unión de fuerzas, vio presentarse nuevas perspectivas. Expresó aquel nacionalismo que se había afirmado en la acción política del siglo venidero. «Los pueblos de esta tierra – dijo – han comenzado ya, desde hace un cierto tiempo, a diferenciarse siempre más entre ellos en base a sus orígenes, para organizarse en grupos: Dentro de no mucho se hablará en política de una raza alemana, de una romana y de una eslava; esta diferenciación ejercerá una gran influencia sobre la práctica política del futuro».

La política de List era una «política continental» concebida contra la «supremacía insular»: Era una política centro-europea, en base a la cual se decidiría el destino del mundo. A la lucha político-económica contra Inglaterra debía asociarse también aquella por la supremacía política contra Rusia. De joven, en una audiencia ante el emperador Francisco José, había podido desarrollar el primer proyecto para la *Mitteleuropa*, que él fundó sobre las relaciones comerciales entonces existentes. Cuando volvió de América, basándose en tales concepciones, fue protagonista de una injerencia rusa en los negocios austriacos: Sobre esta base concibió, en primer lugar, una política oriental, que en sus ramificaciones se amplió hacia una política balcánica y también al Mar Negro, el Cáucaso y la India.

List como político era un economista, y como economista era un político: no pensaba en la economía sin Alemania. De la experiencia americana como alemán en el exterior extrajo aquel valor profundo que le hacía decir: «En la base de todos mis proyectos está Alemania.

Veía en la vida pública de América algo de extraordinario en su novedad, mientras encontró «aburrida, unilateral, rígida» la vida privada. La nostalgia reconduce hacia la patria esta figura que se había convertido en la más notable entre todos los germano-americanos, pero que se percibía demasiado alemana para permanecer en América. Su amor por Alemania, como su carácter profundamente alemán, le animaron en su lucha contra la concepción económica anglosajona. «Los acontecimientos de mi patria hicieron que se desarrollase aquella actitud de oposición, de rebelión». List no fue un teórico como Adam Smith, no se comportó como un hombre de negocios, como eran los políticos ingleses: fue un pensador-combatiente como solamente podían ser aquellos alemanes ideológicamente irreductibles, cuya ideología nace de un profundo entusiasmo, justificado en List, por la realidad vivida personalmente. Para List, bajo el dato económico siempre actuó la idea.

II   LA VUELTA DE NIETZSCHE

«Norddeutsche Allgemeine Zeitung», n. 57, 1919

SOLO en las situaciones de crisis los pueblos recuerdan las advertencias recibidas. Su destino depende de tener o no la fuerza para una transformación necesaria para tales advertencias. Si no lo hacen, si se dejan llevar por la descompuesta reacción de una nación condenada, privada de vitalidad, entonces esta advertencia tiene como único valor el anuncio de un inevitable ocaso. En el otro caso, cuando las advertencias presentan un contenido positivo, por el cual los pueblos orientan sus elecciones hacia la base de éstos avisos, llegan a ser parte integrante de la vida de aquellos pueblos, así es como sucede hoy para Nietzsche en contra de Alemania.

Nietzsche se alejó de Alemania cuando la nación vivía un periodo afortunado. Los motivos de este alejamiento tenían raíces culturales, pero conectados también a la situación política. Nietzsche no rechazó la necesidad de aquella política que determinó el gran cambio en la historia alemana de sus años de juventud. En 1866 se reconoce explícitamente en «nuestra esperanza alemana». En 1870 la doctrina de Schopenhauer encontró en él «terreno fértil» para una visión en clave heroica. Bismarck fue para Nietzsche el gran revolucionario de la historia y, sucesivamente, cuando el filósofo se planteó la vana búsqueda de valores en Alemania, no pudo no admitir la significativa presencia de un gran político.

Nietzsche no rechazó nunca el militarismo como medio político para la causa alemana, a pesar de ser contrario por su naturaleza filosófica y personal. Nietzsche era el hombre debilitado que sustituyó con gran esfuerzo la fuerza del cuerpo con aquella del espíritu y en todas las partes del mundo buscó y admiró justamente lo contrario. En la transvaloración de todos los valores declaró: «El sistema de gobierno de un estado militar es el mejor, constituye la recuperación o el mantenimiento de la gran Tradición, y tiene como referente el tipo humano más digno, el más fuerte».

El distanciamiento de Alemania se produjo en 1870 por la desilusión respecto a la nación. Ya en septiembre, siete días después de la batalla de Sedán, Nietzsche escribió a Gersdorff: «Ante la situación cultural que se está produciendo esta es mi mayor preocupación». Después de eso debéis reconocer que el pueblo alemán no estaba todavía capacitado para asumir el acontecimiento afortunado de su unificación en aquella cultura nacional, que hasta ese momento no les pertenecía. Posteriormente a tal toma de conciencia, Nietzsche se convierte en el crítico despiadado de aquellos años de los fundadores, y no se cansó nunca de reclamar aquella «más alta unidad» de un pueblo, de cuya unidad espiritual y vital hasta entonces había sido privado. Sus consideraciones inactuales constituyeron un juicio global de su época de carácter decididamente destructivo. En base a este juicio creó su oposición al elemento alemán y al idealismo. La obra del escéptico Nietzsche se desarrolló en forma de crítica ininterrumpida en contra de los alemanes y de los «idealistas». (Véase *Ecce Homo*).

¿Qué significaba el idealismo desde la óptica de la vida? ¿Qué era el idealismo desde el momento que se demostraba incapaz de adherirse a la realidad? Y no se podía levantar como un reproche a todos los reproches en contra de este idealismo sin realidad, el no haber producido para los alemanes ninguna tradición, como había hecho, por el contrario, el racionalismo para los franceses y el utilitarismo para los ingleses? Nietzsche tenía razón cuando declaraba que todos los grandes acontecimientos en Alemania tuvieron lugar antes de 1872 y cuando reprochaba al pueblo alemán el hacerse la ilusión de las más altas creaciones, cuando había construido algo sin forma, un lenguaje no hablado y una forma no armónica, asi como haberse adaptado a una simple copia de los ideales de una época y un culto a estos imitadores. Contrariamente no tenía razón cuando culpaba a los ideales mismos y no a los hombres de los hechos que habían sido cultivados hasta 1870. Constituyó un grave error por parte del filósofo el ataque a los antiguos valores cristianos y la crítica a los alemanes por sus valores románticos. Tal actitud era el producto del malentendido y de una contradicción derivada de la acumulación de un rencor, aunque se niegue. Lo erróneo de su perspectiva le condujo a criticar tanto la música alemana como la literatura. Los ideales son, así como una vez se han vuelto definitivos, datos metafísicos irrenunciables que pertenecen al pueblo que los elaboró primero. Puede suceder que acabasen perdidos; y hoy se invoca su regreso. Ellos pertenecen al pueblo que por primera vez los ha elaborado. Puede suceder que se pierdan y que hoy se quiera invocar su retorno, al que se apela con su lanzamiento al vacío. Todavía ningún filósofo o anti-filósofo puede impedir que los ideales vuelvan a ejercer un poder sobre los hombres, que lleguen a ser viva experiencia, experiencia enriquecida de una edad que se ha transformado, y que aparecen en escena cuando la época está madura para su llegada; son dogmas, absolutos éticos, certezas espirituales en medio de la incertidumbre humana.

En este caso, Nietzsche fue contra sí mismo: la persistencia de la idea del eterno retorno indica que los mismos acontecimientos se repetirían continuamente y, con los acontecimientos, los ideales. En su clarividente sabiduría se rastrean siempre las dos figuras del panfletista y del profeta. Y esta capacidad profética hizo que él, que no dejó nunca de ser crítico, fuese expresión, pero también contra-expresión de toda nuestra época. El profeta que decía haber contado la historia del siglo venidero, ya en la tercera inactual anunciaba la inevitable revolución. La indicó como una revolución de las clases y una revolución de las naciones. En él se establece la génesis en el momento en que descubrió la psicología. De entrada profetizó el advenimiento de la época de la gran política afirmando «Habrá guerras como no las ha habido nunca sobre la tierra». Habló de una nueva mezcla de las masas y de la catástrofe que sería finalmente desencadenada «inquietante, violenta, devastadora». Pero sobre el crítico, sobre el panfletista, como sobre el profeta, se elevó el dogmático. Y este dogmático fue el primero en pronunciar la palabra contra-movimiento, que ya estaba contenida en el movimiento, y anunció que, después de la gran «transvaloración de todos los valores», que produjo después la crítica al idealismo a través de su psicología del nihilismo, los hombres habrían podido producir «nuevos valores» partiendo justamente de esta situación de crisis.

Esta refundación, que era una pretensión típica del idealismo, constituyó una de las contradicciones del pensamiento nietzscheano. Justamente él, el crítico del idealismo, terminó siendo un gran idealista. El hombre, el representante de una renovada conciencia a la cual sabemos que no se podrá renunciar jamás. Él fue el exorcizador de un peligro que estaba en nosotros en un doble sentido: lo invocó y lo alejó. Él era inmoralista pero actuó como un moralista. Quería aniquilar la religión pero justamente él se puso al lado de los fundadores de religiones. Igualmente él, que se declaraba «el primer verdadero nihilista de Europa», se podría decir que había «vivido el nihilismo hasta su consumación»; lo que significa que lo tenía «dentro de él, bajo él, fuera de él».

Nietzsche predijo el advenimiento de una época en la que tendría lugar una «enorme toma de conciencia después de un tremendo terremoto», pero también una era de «nuevas preguntas». Y fue justamente él quien planteó tales preguntas, pero no nos dio respuesta alguna – o quizás supo ofrecer solo una visión lírica de carácter mesiánico – Su anuncio estuvo todavía en estrecho vínculo con la realidad. Su pensamiento fue el de su tiempo y el de su pueblo, pero también fue, al mismo tiempo, la expresión y contra-expresión de este tiempo y de este pueblo, hasta el punto de resultar inseparable. Nietzsche mismo sentía este vínculo del que no era consciente. Su crítica era una rebelión contra la sociedad, no contra el pueblo. En su aislamiento, con la exaltación de la individualidad y con su desprecio por la masa, pertenecía a aquella nación que había utilizado el lenguaje. De hecho había afirmado: «Creado por vosotros el concepto de pueblo, no podréis pensarlo lo suficiente puro ni lo suficiente elevado». Pone al pueblo en contraposición «con una sociedad que piensa al pueblo solo cuando lo explota o bien cuando lo considera peligroso». En el mismo periodo en el cual expresó su odio en el furibundo «Ecce Homo» tomaba conciencia de esta «mutación de valores» y de lo extraordinario del destino y de la misión de la nación vilipendiada a la cual él pertenecía: «Los alemanes no son todavía nada, pero quieren algo» y «Nosotros queremos de nosotros algo que todavía nadie ha querido – queremos algo más!»

Queremos de nosotros más de cuantos otros pueblos pretenden de sí mismos, y querer más de cuanto nosotros mismos hasta ahora habíamos pretendido, este es el mensaje final que nos dejó Nietzsche, y nadie, a excepción de nosotros mismos, puede impedirnos hoy creerlo. Nietzsche pensó el futuro: pero el futuro para un pueblo tiene significado solamente cuando se convierte en presente – hoy, mañana y el hoy es el medio para el mañana.

III   EL RETORNO DE FEDERICO

Boza dal lascito, 1922

EL pueblo alemán no tiene presente. Tenemos una generación que vive en la ilusión de ser un pueblo con un futuro asegurado. Pero no estamos preocupados por este futuro. Lo hemos tomado como algo hecho. Estamos acostumbrados a pensar que hemos alcanzado un poder inmutable. Y la idea que se podría haber afirmado en un mundo en el que nuestra potencia pudiese ser destruida y desaparecer de la tierra no es extraña en absoluto.

Por tanto estamos viviendo de forma irresponsable, seguros de nosotros, en una estúpida confianza en nosotros mismos. Y aquello que constituía algo arraigado, pero también superficial; era signo de fuerza política, pero también de ingenuidad política. En efecto, percibimos ser una nación rodeada pero no queremos tomar conciencia de ello. De hecho, en alguna circunstancia se ha revelado el verdadero modo de pensar de nuestros enemigos recientes. Pero no tomamos en consideración tales avisos. Y por nuestro espíritu de paz sufrimos las humillaciones. Estábamos convencidos erróneamente de no haber provocado injusticia en nadie, en la intención de no hacer uso nunca de nuestra fuerza. Esperábamos que las tensiones serían así alejadas. No creíamos en la emergencia.

En aquello reside nuestra culpa. No hemos aprendido nada de nuestra historia, a pesar de la herencia de un duro pasado, de un difícil ascenso, de una lucha que no nos ha concedido tregua. Por el contrario, alcanzada la unidad del Reich, nos hemos comportado como si aquello constituyese algo asegurado para la eternidad. Entonces hemos afrontado la realidad centrándonos en nuestro celo, sobre nuestra buena predisposición y sobre la laboriosidad, pensando que sería suficiente solamente con trabajar para acostumbrar al mundo, debido al éxito de nuestro espíritu de iniciativa. El socialismo propugnado entre la clase trabajadora alemana se alimentó de un ingenuo pacifismo e internacionalismo, cosa que todavía hoy sucede. Pero también aquel estado fuerte que representó la nación ante el mundo, vivió del autoengaño exclusivamente alemán. No estuvimos a la altura de los acontecimientos, y tampoco pudimos aprender aquello que nos enseñaba nuestra historia y utilizar tales enseñanzas mientras pudimos.

La Guerra Mundial nos encontró entonces totalmente desprevenidos, a pesar de estar dirigida justamente contra nosotros. La afrontamos durante cuatro años. Recogimos todas las fuerzas del pueblo, que si no infinitas eran todavía enormes. Nuestro comportamiento fue admirable: de nuestras tradiciones al menos la militar sobrevivió. A ésta agregamos la capacidad estratégica. Pero a estas cualidades no correspondía ninguna tradición política. No había dejado herencia alguna. Nos habíamos descuidado espiritualmente, de ahí nuestro colapso.

Cuando la guerra irrumpió arrasando a todos los pueblos en su drama, nos encontramos, y no por primera vez, en una situación de legítima defensa. Nuestros padres no habían tenido en cuenta el hecho de que ocupábamos una región rodeada de otros pueblos que esperaban solamente el momento propicio para unirse y aniquilarnos. En consecuencia, nunca habíamos pensado como afrontar esta situación crítica. De modo que en situación de legítima defensa combatieron al límite, capacitados de tal modo para liberar a nuestra patria. Pero ahora hemos perdido de nuevo la libertad, ahora como hace 100 años, la policía francesa controla las ciudades alemanas, y nosotros, en memoria de la experiencia pasada, no nos hemos opuesto.

En el último momento hemos intentado oponernos con la revolución, pero aquello no ha servido para otra cosa que para rendir un favor a nuestros enemigos debilitando nuestro poderoso estado, que con sorpresa hemos aprendido a temer, y por lo tanto no querido en el mundo. Renegamos de la idea de Káiser. Renunciamos a la bandera del Reich. Fundamos una democracia que nos mantiene en un estado de impotencia, que tiene mutilado a nuestro Reich, haciéndonos un pueblo mutilado y encadenado.

Hemos sido un pueblo engañado; nos hemos sentido profundamente ofendidos. Ahora buscamos dar un sentido a nuestro destino. Y lentamente, ante nuestros ojos, vemos aparecer una culpa, pero no aquella que nos es súbitamente atribuida, de haber destruido la paz en el mundo deliberadamente. Es una culpa que está en nosotros, y que consiste en el hecho de haber combatido pero de no haber vencido.

En el reconocimiento de estos acontecimientos comparábamos lo que éramos ayer con lo que somos hoy. Pero la comparación no nos ayuda. Solamente nos hace reconocer aquello que hemos dejado y perdido. No nos señala aquello que todavía puede acontecer.

El comparar con el pasado no nos ayuda, no sirve referirse a aquello que éramos ayer. Aunque quisiésemos no es posible restaurar el imperio. La época Guillermina está a nuestras espaldas. Podemos volver a conectar con el punto en que se generaron nuestros infortunios. Así como también reapropiarnos de nuestra historia, que toma un camino errado, justamente en el punto en que se desvió.

En su desorientación el pueblo distrae su mirada del presente y de los hombres del presente. No confía más en estos hombres. No se espera nada más de ellos. Los jóvenes piensan en el futuro como es su derecho. Pero el pueblo, el pueblo siempre apolítico, que a través de la revolución es sólo un pueblo desilusionado, piensa necesariamente de forma histórica, no utópica. Aquello que ha acontecido es su única certeza. De aquello que está por acontecer no tiene idea alguna. Y vuelve así su mirada al pasado: A un momento en que en Alemania había hombres que sabían manejar bien aquello que nosotros habíamos gestionado mal – hombres políticos que sabían tratar la materia política – mientras que para nosotros, debemos decirlo, desde hace cerca de cincuenta años las cosas no funcionan.

Ahora nos preguntamos: ¿Qué pasado? La mirada del pueblo busca una figura que se muestre como modelo y símbolo de fuerza, figuras que faltan al hombre actual. Al unísono, sin un acuerdo previo en la elección de su héroe, su mirada ha caído sobre el gran rey que triunfó en la guerra de los siete años: Federico.

Capítulo IV

El despertar de los jóvenes

I LAS IDEAS POLÍTICAS DE LOS JÓVENES

«Der Tag», 26/7/1919

LA juventud es una tensión espiritual. Es la última posibilidad que nos queda. Pero también es la primera que se devuelve. Hoy no sabemos cuál podrá ser nuestro destino, si podrá resolverse en un ocaso definitivo al cual nos han destinado nuestros adversarios o en un renacimiento, visto con tanto temor por estos mismos enemigos. Nadie puede decir cuál será nuestro destino.

La única certeza que tenemos es la gran capacidad bélica de nuestro pueblo. Un pueblo debe tener la fuerza necesaria para sobrevivir a su propio desastre. Sabemos que esto es posible. En la catástrofe hemos comprobado que somos un pueblo que ha construido su historia contra sí mismo. ¿Será siempre así? Esta es la pregunta emblemática.

Para obtener una respuesta deberemos volver a la matriz, lo cual no es posible. Saber es mirar atrás. Pero de las madres vienen los hijos. La juventud es presentimiento. Debemos entonces plantear a los jóvenes las preguntas sobre nuestro destino. Destino que

debe, de cualquier modo, ser formado, tiene que ofrecer hoy las señales del futuro. En nuestro carácter se tiene que poder leer, en
una realidad que ineludiblemente transforma cada acontecimiento
en historia, aquello que nos ha sido destinado. Y tal anuncio podrá
leerse sólo allí donde el destino ha elegido a sus hombres, el presente
a su superador, el futuro su precursor.

Los jóvenes saben porque Alemania ha perdido la guerra. El
pueblo alemán ha sido el único que ha entrado en guerra sin una
preparación espiritual. La guerra no se ha podido vencer porque la
nación ha sido puesta ante la guerra sin ninguna conciencia política;
porque el proletario no ha comprendido su función social, mientras
que el proletario de las naciones enemigas tenía bien asimilado su
rol en el ámbito de la nación. ¡Una nación superpoblada debería
vencer la guerra si quería vivir! Ahora ésta se encuentra ante el
largo, difícil y doloroso hecho de haber perdido el sentido de aquel
gran desarrollo afirmado por la última generación. Y ello depende
del hecho de que no constituimos todavía una nación: por lo tanto,
si queremos tener un lugar entre las naciones, debemos llegar a ser
una nación.

Aquello será posible solamente cuando tengamos asimilado el
sentido de la revolución: cuando hayamos creado nuevas estructuras, cuando la clase obrera asuma la responsabilidad de tales estructuras, cuando sea soldada la estructura interna de la nación,
todavía más importante que la unidad externa del Reich. Por eso el
concepto de comunidad, entendido en sentido espiritual, que va más
allá de lo puramente económico, se ha convertido en lo esencial para
la joven generación: en ella se inscriben aquellos valores que faltan a
una nación para ser tal. La idea de una solidaridad nacional y social
(H. Von Gleichen, *Solidarierprogramm* de febrero de 1919) fue, de
hecho, concebida como un valor principal. Debía ser una parte del
pueblo, justamente aquella parte que se conoce como «Volk», que se
sentía parte integrante de la nación. Hemos salido de la guerra con
problemas sociales. Entramos en la paz con problemas nacionales.
La revolución puede tener un sentido para la nación solo cuando,
a través de la adquisición de una conciencia política, el pueblo la

considera funcional en la nación. El modo en que estos jóvenes están adquiriendo una conciencia política podrá ayudar a la nación. ¡Después de haber perdido la guerra queremos ganar la revolución! También éste es un principio de las jóvenes generaciones.

Su realización presupone la existencia de hombres que sabrán aprender de la experiencia de la derrota, el conocimiento de los motivos que la han determinado. Hay todavía hombres de peso que no pueden comprender las consecuencias de los acontecimientos. Se encuentran principalmente en los partidos, que son la encarnación de la fuerza política ejercida en el nombre de las ideologías y las doctrinas políticas. Los partidos están entre la nación y su destino. De esta constatación se deriva la reclamación de una política libre de partidos (Eduard Stadtler), idea que sobre todo ha sido tomada por los jóvenes, que no pueden identificarse con un partido porque quieren identificarse con Alemania entera. Esta desconfianza frente a los partidos y sus exponentes, hoy difundida en todo el pueblo, tiene un carácter casi instintivo. ¿No tendría que ver quizás con los partidos la desilusión que se impuso en Alemania desde la fundación del Reich? Todo aquello que ha acontecido de mezquino y de vil, tiene que ver con los valores de los líderes de los partidos y las capacidades personales cada vez más escasas entre éstos. Así la historia del Reichstag, la historia de la Asamblea Nacional, y ahora, con esta paz, ¡no son otra cosa que el último acuerdo de partido! Sólo cuando se eliminen los partidos podremos ser una nación. Y será posible, será un deber hacer que los jóvenes se alejen de los partidos. Con su desafección, el crecimiento de los partidos se detendrá de golpe. Por lo que se percibe observando a los jóvenes, ese momento llegará pronto. El pueblo le seguirá. Por un lado, los viejos intereses particulares y , por otro, Alemania. El camino ya ha sido abierto.

Está crítica contra los partidos no reviste la defensa particular de ningún partido. La recta razón, hoy como ayer, no podría sino imponer el fruto de la experiencia reforzando la justa conciencia. Lo trágico de la experiencia bélica no ha incrementado su capacidad de comprender la realidad. Privada de verdaderas ideas, la derecha se contenta con el puro *pathos* de la tradición a través de ideas conservadoras que no tienen nada de positivas reduciéndose a un conjunto de lugares comunes.

En cambio, en la izquierda reinan todavía ideas utópicas. No obstante, la Guerra Mundial ha cambiado las condiciones del socialismo, que continúa concibiendo el mundo de forma abstractamente racionalista. No puede alcanzar un nivel intelectual que le haga dudar de la razón, de hacerle comprender el abuso que ha hecho y que le ha llevado a un verdadero engaño, ante un autoengaño. También resulta singular la evolución de este pensamiento, el cual había considerado como objetivo el mejoramiento general del mundo que aparece ahora bien alejado de la realidad. En medio de estas dos posturas se halla el compromiso, y aquí el hombre de partido se siente cómodo, pero tal compromiso, en efecto, no significa y no resuelve nada, y justamente en la pretensión de armonizar los opuestos resulta inconcluyente.

Pero justamente en la voluntad de huir de cada compromiso encontramos el verdadero punto de encuentro de los jóvenes sea cual sea el partido del que provengan. En este sentido se puede hablar justamente de acercamiento entre izquierda y derecha (Max Hildebert Boehm), para quien los «jóvenes conservadores», como todavía se les puede definir, y los jóvenes comunistas, como ellos mismos se definen, encuentran mayores puntos de encuentro antes que con los ancianos que pertenecen a sus mismos partidos. Tal posibilidad de encuentro se funda sobre exigencias comunes. Los jóvenes, aunque tengan divergencias en el modo de actuar, comparten la exigencia, de carácter espiritual, de deber crear algo nuevo, libre de compromisos y condicionamientos. Desde el punto de vista político ellos son contrarios a la democracia formal y la sustituyen con la idea de comunidad (*Gemeinschaft*, de carácter individual para los jóvenes de la derecha y de carácter global para aquellos de la izquierda). En la juventud de la derecha, más allá de la idea comunitaria, se combina con la búsqueda de un hombre-guía.

Los jóvenes de la derecha consideran que se puede realizar esa comunidad a través del «corporativismo», mediante una «ideología de cuerpo comunitario», según la definición dada por Max Hildebert Boehm. Por el contrario, los jóvenes de izquierda, razonan de forma científica, bajo la engañosa ilusión de que ocuparse de lo social significa ocuparse de cualquier cosa espiritual. En esto es además significativo como la derecha haya mantenido una relación con la Tradición que la izquierda no posee.

Los jóvenes de derecha están hoy preparados para renegar de los últimos cincuenta años de la historia alemana, pero no de los siglos y milenios en los cuales se formó el principio germánico, del que todavía hoy nos alimentamos y que es parte viva de la historia alemana.

Por el contrario, la juventud de izquierda tiene como experiencia los últimos cincuenta años de historia alemana: a pesar de que tal experiencia sea de partido y tenga un carácter internacional puede valer como experiencia concreta alemana. La diferencia entre los dos grupos llega a ser clara cuando los jóvenes de la derecha, buscando ir más allá del parlamentarismo, querían repetir una fase natural de la vida alemana, aquella sociedad de clases organizada en corporaciones, igual que en la Tradición medieval.

Esta contraposición es muy alemana y la unidad recibida mantiene un carácter bipolar: la izquierda y la derecha ejercen una tensión centrípeta. Esta unidad delinea con absoluta claridad una izquierda que no quiere en absoluto más historia. Exista esta izquierda en Alemania y también ésta tiene a sus jóvenes. Sin embargo no es juventud, es vieja y alejandrina, y expresa el intelectualismo tardío de una sociedad hastiada. Es cerebro privado de cuerpo, y como tal no tiene pasiones, por lo que busca en el fanatismo de sus propias ideas aquello de lo que adolece por naturaleza. No comprende que no está capacitado para prometer la vida, sin embargo prepara el ocaso. No solo considera deseable una vida sin pasiones, sino que cree también que es realizable en un futuro inmediato. Esta izquierda no tiene suficiente experiencia en los hombres para saber que el bien presupone el mal, que Caín es un principio eliminable, el principio del genio telúrico, y que Abel, genio luminoso, debe combatirlo para ser capaz de resistir.

Esta juventud que piensa de manera utópica se contrapone a aquella que piensa de forma política, porque ésta última razona de forma histórica. Utopía significa negar la historia. Mientras un tipo de juventud se reconoce en una concepción histórica, que sigue siendo aquella materialista, también cuando reivindica el carácter milenarista, la otra juventud cree en una concepción histórica, libre tanto del elemento materialista como del idolátrico, y que tiene carácter metafísico en el sentido de la inserción de elementos terrenales en un contexto irracional. Esta juventud lucha contra el hombre que piensa en términos económicos, mientras que combate a favor de quien se pone en estrecho víncula con la naturaleza. Al pensar al pueblo, estos jóvenes saben que no son todavía hombres de ese tipo: de hecho el alemán es un pueblo joven. La idea de los pueblos jóvenes constituye el principio que permitirá la redención de las naciones ganadoras.

Pero esos jóvenes conocen también aquellos factores que, desde siempre, minaron al pueblo. Conocen la innata superficialidad y la ignorancia. Pero he aquí que un día resonó este aviso: «¡Ridículo! ¡Un pueblo no puede nunca decaer!». Podía ser la expresión de un elemental sentido de fuerza, pero por el contrario era expresión de una superficialidad demagógica. ¿No hay pueblos que de forma inmediata han decaído definitivamente? ¿Y tal vez no se auto-aniquilaron en el momento en el que el «pueblo» tomó ventaja sobre la nación? Sólo quien es abandonado en cada fantasía histórica puede sentirse tranquilo sobre el destino político de los alemanes, y tener la certeza de que la Guerra Mundial no significó el ocaso de aquel pueblo que fue víctima porque él mismo se ofreció como tal.

De los jóvenes hemos tomado otra expresión: «¡Alemania fue siempre la tierra del peligro!» (Albert Dietrich). La expresión tiene hoy un doble sentido. Antes de la guerra no representábamos ningún problema para Europa. Antes de la guerra Europa constituía para nosotros un peligro que nos amenazaba y rodeaba. La guerra nos ha mostrado de forma decisiva qué significa ser un pueblo ubicado en medio de Europa. Ahora no tenemos más elección. Debemos llegar a ser un peligro. Y los jóvenes deberán personificar esta nueva función. Desde esta posición central a la que hemos sido empujados se desatará un incendio y se desencadenará un terremoto: ¿Será una llamarada espiritual la que se eleve? ¿Serán los hombres o las ideas capaces de alimentarla?

Los jóvenes ven en la guerra el comienzo de un mayor desconcierto, de los cuales, estos cuatro años han representado un preámbulo. Y esta lucha entre el siglo XIX y XX les aparece como el encuentro entre dos campos ideológicos que expresamos con las fórmulas simplificadas de socialismo y liberalismo. Pero en el amanecer del siglo XX parece vencer todavía el XIX. Sin embargo, los jóvenes están convencidos de que también un día el liberalismo será derrotado, en el socialismo escuchan el anuncio que no trata más de clases sino de hombres: la juventud espera que sean los pueblos los que realicen aquello que gritan a nuestros enemigos.

¡Han alcanzado aquello que ciertamente no querían! Los alemanes se han convertido en nuestro peligro. Y siempre será inminente el riesgo de que pueda irse de las manos aquella tranquilidad, aquella alegría, aquel beneficio económico, datos del comercio internacional, el cual nos había llevado a la Guerra Mundial.

II   EL PRELUDIO HEROICO

«Gewisen», 28/1/1924

En los hombres de la derrota alemana se ha producido la transformación espiritual más significativa de todas las transformaciones nunca vistas en la estructura de nuestro país o en su organización estatal.

Esta generación había vivido con profunda tranquilidad en función del trabajo o del bienestar, hasta el día que fue forzada a entrar en una guerra mundial para la cual no estaba preparada. Tras el desconcierto generado por tal evento surge una juventud diametralmente opuesta en el carácter y las actitudes al alemán anterior a la guerra, sobre todo en lo que concierne al sentido de la nación y su destino. Esta juventud es pobre y simple. Es austera y sobria. Su juicio es inapelable, rígido hasta la crueldad. Debía ser destinada a un tipo de vida diferente, cuyos testigos aseguran que sea extremadamente próspero. Pero esta juventud siente que se debe tratar de una falsa felicidad, por tanto no está desilusionada, puesto que nunca ha sido ilusa. Esta nueva generación debe soportar las consecuencias de las desilusiones de un pueblo que estaba auto-engañado y que todavía hoy se deja engañar. Esta juventud muestra una seriedad íntima y tremenda. En su realismo tiene bien claro nuestros errores, sin embargo es escéptica respecto al principio de verdad. En un cierto sentido está privada de fantasía. En su falta de exuberancia parecería contradecir la idea de juventud, pero su exuberancia es canalizada hacia un fin bien preciso, que tiene que ver con la nación y para el que será necesario mucho tiempo para alcanzarlo. Con lo cual estos jóvenes deben hacer la cosa más difícil que se puede pedir a los jóvenes: tener cautela.

Está juventud colocada entre dos épocas, es el «preludio heroico» supone permanecer sin poesía política, vuelve a confiar al poeta la tarea de despertar el mito político. Su poeta (Hans Schwarz, Preludio Heroico, en Dios y alemanes) advierte que hablará de «alemanes» y de «Dios». Su preludio habla de «alemanes». Esta es la conclusión que viene con su poesía. La juventud tiene el derecho de preguntar: ¿preludio de qué? El poeta responde: ¡de una nueva conciencia! ¡De un nuevo orden, del cual derivará un nuevo vínculo! ¡Y de un renovado sentido del valor que volverá a imponerse a aquellos hombres de una edad democrático-nihilista, preconizada por Nietzsche, en la cual ha sido eliminado todo valor!

La materia no es condicionante. Cada decisión pertenece al «yo» que mira todo según su perspectiva. Existe, sin embargo, un sentido de responsabilidad que presupone la existencia de valores absolutos. No tenemos esperanza alguna en prolongar nuestro destino como nación si no nos hacemos guiar en nuestro camino, oscuro e indeciso, en la constelación de una misión que compromete a todos y cada uno de nosotros, que debe poner su parte. Nuestra existencia alemana, cuyo único sentido es que pueda conducirnos a otra existencia, se disgrega en un sinsentido si nos abandonamos al no tener perspectiva alguna. No hemos necesitado de emblemas que pasar, ni de símbolos fugaces, pero sí de elementos de orientación segura. Debemos vivir para los hombres y los alemanes del futuro como han sabido vivir esos hombres para los alemanes que nos han precedido. Debemos pensar en algo supra-temporal que no permanezca como mero pensamiento ni se reduzca al puro deseo, pero que posea la fuerza de formas ya vividas. El poeta del Preludio Heroico crea figuras que constituyen la sublime expresión de nuestro carácter común. Estas figuras han sido un ejemplo y siempre lo serán: Si no hubiesen sido éstos guardianes del fuego patrio, haría mucho tiempo que nos hubiésemos matado a nosotros mismos.

Los hombres del sentido práctico dirán que esta concepción sólo tiene que ver con la poesía y no con la política. Y éstos, en su carácter profano, tienen muy poco en cuenta la amplitud del arte del estado así como del poder persuasivo de la poesía, y hablarán de romanticismo. Este término expresa una válida oposición contra la banalidad alemana. Expresamos nuestras amplias reservas respecto al romanticismo cuando éste conduce a la irrealidad. Pero mucho peor que toda esta irrealidad nos parece el pensamiento banal de una nación que no es banal. Pensamiento que se traduce en una poesía extremadamente banal, una poesía pobre, pequeña, que se dirige exclusivamente a la vida de los individuos, a la vida privada y todavía más a aquella social. Por el contrario, la gran poesía siempre ha tratado las grandes contradicciones del mundo, de las contradicciones de un pueblo respecto a sí mismo, de sus crisis internas que conducen a crisis externas. En ese sentido cada gran poesía ha sido poesía política.

Los antiguos sabían que la poesía es más verdadera que la historia: prueba de ello es su esencialidad, su no banalidad, el no ligarse a lo cotidiano y lo casual, pero sí al destino de un pueblo. Los modernos han experimentado que la poesía crea historia. En la Guerra Mundial lo habíamos experimentado con nuestros enemigos. Los ingleses, ciertamente, al constituirse como nación utilitarista, eliminaron la poesía de su vida por superficial y han prohibido a los poetas desde Byron en adelante. Los ingleses tenían un gran sueño: asegurarse la posesión del mundo para explotarlo de acuerdo con su espíritu mercantilista. Por esto se sentían los maestros del imperio mundial, y aquello nacía de una conciencia nacional que le hacía sentirse como un pueblo elegido. Pero, tal vez, un día fallarán en su intento, dado que no tienen en cuenta lo insuperable. En cambio los pueblos latinos se han hecho guiar por una visión nacional transferida por la poesía a la política. Antes de la guerra, los franceses han vivido en función de la voluntad de venganza contra Alemania dejando que sean los poetas quienes renueven el espíritu de los poetas, cuales portadores de un ideal francés, y hablan solo de un «espíritu nuevo». De esto nació aquello que para ellos constituye «el acontecimiento extraordinario de la batalla del Marne» que hizo que se sintiesen el pueblo de Juana de Arco. No fue ridículo ocupar nuestra maravillosa ciudad, no fue ella quien pasó como una triunfadora a través de la puerta que se le abría. Ha sido Barrés quien ha conquistado Estrasburgo, Barrés, que en el transcurso de su vida sobre los bastiones de Oriente, reivindicó Alsacia como tierra francesa. No son diferentes los italianos que se han renovado como pueblo a través de la poesía reconstituyendo su conciencia nacional y alcanzando la idea de una Italia unida. Esta transformación ya tuvo inicio en aquella fase en la que los descendientes de los romanos habían llegado a ser el pueblo despreciado de Europa. Comenzó con Petrarca y con su gran ambición de querer una Italia unida; los latidos en el gran corazón de Maquiavelo, se expresan en el renacimiento, se concretó en el «Risorgimento» y encontró voz en Leopardi, en Carducci y llegando a los edificadores del fascismo, que realizaron de forma estatal lo que en principio solo había sido una forma poética. Y no dependía del colapso austriaco la reconquista de Trento y Trieste, pero fue un poeta, fue Gabrielle D'Anunzio, quien con cantos y discursos condujo la nación a la embriaguez de una voluntad indómita.

Alemania no tiene discursos, no tiene cantos. En nuestra poesía nacional, en la poesía política puede decirse lo mismo en la medida que expresa de forma simbólica el destino de la nación. Será siempre digno de memoria el hecho de que Schiller dejó inconclusa su gran poesía, a la cual se dio el nombre sucesivamente de *Grandeza alemana*. Schiller escribe esta composición después de la paz de Luneville, una paz ignominiosa, todavía más que la paz de Versalles, una paz con la cual la ribera izquierda del Rhin fue cedida y supuso la renuncia definitiva de una corona con unos pocos decenios, pero con muchos siglos.

Schiller esbozó con una impasibilidad ideal la grandiosa palabra de su última creación, que fue también la última palabra que podremos dirigir a los pueblos: «Cada pueblo tiene en la historia su día, pero el tiempo de los alemanes es la cosecha que todo el tiempo ha producido». Pero no se hizo a Schiller pregunta alguna sobre aquello que había acontecido a nuestra nación, ¿De otro modo no seríamos nosotros los recolectores, sino los que fueron recogidos? Por tanto, su poesía permanece incompleta como nuestra historia. Permanece para nosotros como una herencia, un gran vacío que rellenar con sangre y palabras. Pero nuestros poetas no han aceptado tal herencia, y la nobleza de un Hölderlin no encontró seguidores, como Schiller. Hölderlin se expresó sobre el pueblo alemán no sólo con las palabras amargas con que concluye Hiperión. Ha cantado nuestro paisaje, ha celebrado nuestras ciudades, y, su último himno, fue dedicado a Alemania. Pero será siempre digno de un recuerdo doloroso, que este espíritu puro se despertase a la luz de su tardía oscuridad una sola vez; y esto no se produjo cuando llegaron las noticias de la lucha alemana por la liberación, pero sí por aquella de la insurrección griega. También el sonido de arcos de Hölderlin fue sólo un preludio. Después un torbellino se lanzó sobre la juventud. Un preludio que ve unidos a Goethe y Schiller, a Kleist y Hölderlin. Si Hölderlin fue una luz, Kleist fue la llama, el incendio y brasa ardiente. Y esta llama incendió a la patria. En su obra dramática el preludio llegó a ser poesía sinfónica de las pasiones alemanas, sin embargo será siempre así de enigmático e inquietante el hecho de que el oficial prusiano Heinrich Von Kleist se adelantó al destino quitándose la vida sin esperar la derrota alemana – evento enigmático para Kleist, inquietante para Alemania. La nación no había valorado a este poeta que sólo poseía un Eros que no era aquel apolíneo de Hölderlin, ni aquel dionisiaco de Nietzsche, pero era aquel Eros político que a nosotros nos falta. Por eso la nación se limitó a abandonarlo. La nación se ganó de entrada a aquellos niños, caminantes de «lira y espada», el gran símbolo encontrado por Theodor Körner, que no es sólo un sucesor, sino también la figura estable que une dos eternas esencias. La nación asume a sus poetas entre aquellos que habían sido los precursores y los compañeros del espíritu de Lützow, aceptando el fresco tono de Schenkendorff, y aquel duro y puro de Ernst Moritz Arndt. Pero esta vez un siglo entero había hecho de preludio. La poesía resonó junto a los acontecimientos. De aquí surge un siglo que fue simultáneamente tanto la era de la burocracia como de la pedagogía, de la demagogia como de la libre elección.

Hoy vivimos en la peor de las democracias: en la democracia del individualismo. A la estupidez de este tipo de existencia pertenece la estupidez del poetizar. Cada uno se ha convertido en poeta de sí mismo. La poesía se ha convertido en periodismo del sentido del «yo», un gramófono para las ideas del tiempo. Y siempre escuchamos rumores de fondo que traicionan la incapacidad del poeta. El destino de la nación no ha tocado a estos poetas, y dondequiera que combaten por nuestro destino, lo hacen según una insensatez que hace que se solicite el amor para otras naciones, mientras que se hace de forma masoquista para la propia nación.

Sin embargo existe algo que sólo el poeta puede señalar con su palabra, palabra que sólo debe poder pronunciar justamente por la nación. Cuanto más profundo, más problemático, más contradictorio es en su confuso presente. Un pueblo no puede tener un futuro sin pasado. El pasado lo proyecta en el futuro. El poeta recibe los dos momentos.

Los pueblos viven tanto como vive el propio mito. La tarea del poeta es mantener vivo el mito. «Ellos – como dice Hans Schwarz – gobiernan aquello que es eterno y cuidan las flores que florecen de la juventud».

El «preludio heroico» es la primera tentativa de una mitología nacional.

III   CONCEPCIÓN ECONÓMICA

«Der Tag», 15/4/1919

EL materialismo histórico ha hecho sus cuentas sin considerar al ser humano.

Cual concepción económica, tenía la certeza de que la guerra mundial le habría dado la razón. En las raíces del materialismo histórico se encuentran los contrastes de naturaleza económica, por cuyos motivos de carácter material se produce la catástrofe política. ¿No se había declarado a todo el mundo que la historia mundial no era otra cosa que la historia del dinero? Pero cuando el estallido de la guerra trae la suma de esta cuenta, el ser humano restableció su justa función.

En la base de los acontecimientos se colocaron las pasiones de los pueblos, que impusieron como fin de la guerra la voluntad de dominio. La guerra misma fue la clara manifestación de una fuerza humana, de la cual, nunca antes los hombres se habían creído capaces, fuerza que permitió ir hacia delante en la lucha durante cuatro años. Fue una victoria contra cada acontecimiento adverso, incluso contra la materia humana, de la naturaleza, del físico, del sistema nervioso, de los impedimentos de la sangre, en contra tanto de la sensibilidad como de la educación, de cada debilidad y excitación. Fue la completa victoria del hombre, de su sentido del deber, contra cada obligación. El cuerpo llega a ser instrumento de fuerza interna y órgano activo, que puede desarrollarse sólo a través del esfuerzo que el hombre se impone a sí mismo, esta enorme capacidad de acción encuentra su despliegue del dominio que el hombre obtiene de sí mismo: de una adaptación anímica que se transforma en corpórea y no al revés.

Las guías de los pueblos para realizar sus fines han necesitado de hombres para tales hechos. De la voluntad, no del cálculo, depende el destino de las naciones. Y cuando estuvo presente, el cálculo debería servir a la voluntad. Un hombre como Clemenceau fue el más

fuerte de todo el pueblo francés. En Inglaterra la tradición sustituyó la personalidad, tradición como sistema de conducir la guerra
contra una potencia continental, la psicología de una tradición que
sabe encontrar aliados y utilizarlos. Fue entonces cuando un hombre como Wilson, que supo conducir al pueblo americano en aquella
dirección político-militar que él dio a la guerra. Y si nosotros, que
supuestamente estábamos en la dura tarea de combatir en todas las
direcciones y contra múltiples enemigos, vencimos desde un punto
de vista estratégico, perdimos políticamente, y el motivo consiste en
el hecho de que se perdió aquella unidad de conciencia, prerrogativa
de nuestros enemigos.

Junto a la historia humana de estos cuatro años de guerra ha
habido una historia económica como historia subyacente o paralela.
Sin embargo, ella sigue actuando. Actuando en la oscuridad, de los
estados de humor de las masas, que influenciaba la emotividad sub-
jetiva de los hombres, como de los estados en guerra. Influía sobre
la conducción de la guerra y determinaba las áreas de combate de
las cuales dependían los suministros y la disponibilidad de materias
primas de los pueblos en lucha, favoreciendo a uno y obstaculizan-
do al otro. Sin embargo, no fue la economía quien decidió, fue el
hombre. Él decidió en cada caso, tanto en sentido positivo como
negativo. La materia, el número, el ámbito interno de valores estadísticamente cuantificables fueron de suma importancia. Pero esta
importancia no es nunca más grande que aquel natural depender
del elemento animalesco que caracteriza al hombre. Por grande que
sea la dependencia, el hombre siempre está por encima.

¡Queremos liberarnos de la obligación económica de una vez por
todas! Este acto supondrá un aligeramiento, una solución, una ba-
rrera superada. La concepción materialista de la historia desemboca
en una aversión hacia la materia. El materialismo termina con el disgusto hacia sí mismo. En estos años hemos vivido la experiencia de
la preocupación por la alimentación que ha oscurecido la fantasía de
los hombres, bajo la idea de que nos deberíamos ocupar solamente
de nuestras necesidades. Hemos experimentado cómo esta concepción conduce a un pueblo valeroso, altruista, paciente, a la decisión

de imponerse en el mundo, hasta un punto en el cual, bajo la presión de una privación extrema, tuvimos que ceder. Constatamos ahora que este mismo pueblo puede ser doblegado, bajo ulteriores privaciones, y aceptar la paz a cualquier precio, también cuando se reduce al servilismo, y cuando el aspecto económico en relación a aquel espiritual parece, ciertamente, el menos importante. Pero existe una paciencia en los hombres que se alimenta de sí mismos y que cuando no encuentra a aquel hombre, pensador o estadista, toma la responsabilidad, extrae su propia razón de ser de la idea ante la que se encuentra plegada toda una época.

Si el socialismo quiere llevar a cabo aquello que promete, lo cual significa una nueva fase, una nueva época de la humanidad, un Tercer Reich, su primer acto espiritual debe ser disociarse de la filosofía de la digestión que llevamos aprendiendo durante un siglo bajo el nombre del materialismo histórico. El materialismo, al concebir la concepción materialista de la historia, buscó superar la dependencia del hombre de la materia a través de una organización desde lo alto, a través de una precisa repartición, una enorme fuerza de precisión de las modernas formas de vida. Pero fracasó, porque no estaba basado en ideas, sólo sobre la técnica. Sin embargo, no se debe pensar que esto haya sido privado del elemento emotivo, que de hecho se manifestaba con fuerza, a través de la invención y la realización, antes de que la degeneración capitalista, a través del materialismo, derrotase al hombre. Pero ahora, en su puesto, debería asumir una organización procedente de la base, un movimiento autónomo de la materia y una auto-regulación de la producción realizada por quien produce. Y aquello que en el imperialismo expresaba una forma de voluntad, que no logró realizar, querría realizarlo un socialismo que, más bien, es una forma de nostalgia. Pero también en este caso se trata de una nostalgia por la materia. La palabra de esta nostalgia es pura, interior y creíble sólo después de haber sido pronunciada. Esto ocurre en una fase originaria en la que el pensamiento comunista fue vivido como el pensamiento mítico de Weitling. No obstante, en lo sucesivo asumirían la tosquedad del materialismo histórico. Las promesas hechas a los hombres constituyeron sus esperanzas.

Pero eran promesas materiales que no satisfacían al ser humano.

El socialismo, que puede liberar de la obligación de la economía, sólo representa algo más de un concepto económico. No es otra cosa que esto, entonces se trata de un materialismo que se opone a otro en un encuentro sin vencedores, en el cual, sin embargo, el hombre no conseguirá nada. La concepción económica dice al hombre como debe comportarse en el ámbito económico, no como debe vivir. La visión económica no tiene como finalidad el despertar en cada hombre su individualidad, su yo. La visión económica se dirige a los hombres con las palabras: ¡soy yo quien dice que podría «vivir mejor» si solo quisiese "vivir mejor"!

El socialismo ha llegado a ser una voluntad en sí, por la cual es política y no religión, y la fe que lo anima no es una fe que se anuncia a los hombres, pero liga al hombre a sí mismo, no es una fe cósmica, sino una fe planetaria.

Por este motivo se presenta miserable como revelación, y por tanto privado de valores eternos, porque es humano, privado de misterio, de tensión, no deja dudas, ni soluciones inspiradas en el sentimiento. Su literatura es miserable y no clásica, no el evangelio, pero el manifiesto y el programa lo es todavía menos. Es la literatura del materialismo histórico. Y su confesión es su fuerza normativa. No tiene en sí nada de Solón ni de Agustín. Es infinitamente pobre en palabras que van del hombre al hombre. Es apocalíptica en el momento en que llega a los hombres y mesiánica en cuanto que alimenta promesas de carácter material.

¡Queremos sentirnos libres de la economía de una vez por todas! Lo que queda del materialismo histórico es la lucha de clases, particular expresión de una época revolucionaria – pero que también necesita llamar la atención, porque en las revoluciones, las masas no son las que hacen la historia, pero sí ejercen influencia, mientras que el hombre es quien las determina. Las revoluciones son una fase en el camino, pero no una meta. Las clases no son sólo masas, está compuesta de individuos y cada uno de ellos es un ser humano. ¡Queremos liberarnos también de las revoluciones! Actualmente experimentamos la perfidia de la doctrina, el hecho de que tal punto de vista económico se dirija contra sí misma. Actualmente los motivos económicos de la revolución han pasado a un segundo plano respecto a aquellos políticos. Ahora la categoría económica permanece totalmente disminuida. Estamos ante el rechazo de la economía mientras vemos un pueblo en el que cada uno es considerado en base a su ventaja comportándose, de hecho, en contra de su propio beneficio. Pero no es éste rechazo de la economía una forma de irracionalidad en la cual han caído las masas, que no se justifica con la imposición de un elemento inconsciente en el hombre, sino que más bien expresa la voluntad de un pueblo que entiende la oposición al dominio de la economía.

Podemos negar la concepción económica sólo si aceptamos la economía. Y no será posible liberarse de la economía hasta que no se trabaje, como en la revolución rusa, en la creencia de poder instaurar el socialismo, pero, de hecho no se hace otra cosa que destruir la economía. La liberación de la economía es posible sólo si nos liberamos de la concepción económica, y permaneciendo como un pueblo ligado a la economía, tenemos capacidad para dominarla y no dejarnos dominar. La economía no es independiente del desarrollo global de un pueblo, lo acompaña. La revolución rusa – la revolución de un pueblo que hablaba siempre de hombres pero descuidaba la economía – ha hecho que el hombre volviese a sucumbir ante la economía. Una revolución alemana – la revolución de un pueblo que ha hablado exclusivamente de economía descuidando a los hombres – deberá ahora elevar al hombre por encima de la economía. Y será más que una revolución social, será una revolución del hombre, el socialismo reconocerá aquello que el materialismo histórico impidió que se reconociese: el cual, al expresarse en estadísticas, balances y tarifas, hasta ahora solo ha llevado un mensaje económico, mientras que el mensaje humano viene después de éste.

¡Queremos liberarnos finalmente de la economía! Necesitamos pensar en una economía del pueblo que no sea fundado sobre la pura economía, sino sobre el hombre. El hombre siempre ha sido el verdadero centro económico de un pueblo, mientras que la pura economía siempre ha llevado a su debilitamiento. Marx afirma:

«¡Sin necesidades ninguna producción!» No: Sin producción ninguna necesidad. La producción determina la necesidad de bienes ante la cual el hombre sucumbe. Por lo tanto la frase más indigna por él pronunciada: «El hombre es aquel que come». No, el hombre come en la medida que es. Si el hombre ha vivido simplemente en base a este principio, lo ha hecho inconscientemente, en base a un impulso animal que no excluye un impulso metafísico. Pero si el hombre espiritual se reconoce en esa frase, que sintetiza el materialismo histórico, entonces invierte la relación de valores entre el hombre simple y el hombre espiritual y somete al segundo al primero.

Queremos liberarnos del materialismo histórico para poder dar a la economía aquello que le compete y al hombre aquello que es del hombre. La historia de la economía es solo un elemento de la historia humana. La concepción económica es solo una parte de la concepción de la humanidad. El valor de una historia y el valor de una concepción, que siendo económicas, no dejan de ser algo más, o sea productos del hombre dirigidos al hombre.

IV INDIFERENCIA DE OCCIDENTE

«Der Tag», 6/10/1916

OCCIDENTE decae. Una suerte de fenómeno magnético: los pueblos siguen el sol, pero mueren también con el sol.

Desde el descubrimiento de América, con la cual la historia europea se dirige del Mediterráneo al Atlántico, en el orden de España, Portugal y Holanda, que alcanzaron el máximo esplendor para después volver a la decadencia.

La razón no está en los hombres; ya sean las naciones latinas como las germánicas han debido sucumbir ante esta ley y este destino.

Ni la religión, ya sea el catolicismo o el protestantismo, ni una determinada forma estatal como la monarquía o la república, han podido preservar a las razas ante la decadencia de occidente – aunque determinadas religiones, formas estatales y razas traten de oponerse con fuerza a esta decadencia mientras otras la facilitan y la preparan.

La causa está en el alto desarrollo de los pueblos, que no está de acuerdo con la duración: cuando los pueblos entran en el ciclo de su desarrollo, actúan en su naturaleza, en su innata capacidad de desarrollo, el impulso hacia la expansión; pero con el cumplimiento de este ciclo este elemento natural se disuelve y a la juventud sigue la senectud, a la plenitud de las fuerzas su agotamiento, que produce el desgaste, el consumirse de las estructuras políticas, la ruptura de la familia, el dominio del yo, el desorden del individualismo, que favorece impulsos hostiles y corruptores del ser humano y aniquila la fuerza motriz del pueblo, aquella que determina el carácter y se coloca en la base del principio de Estado.

La razón de esto hoy se encuentra en las ideas progresistas de Occidente: también estas ideas se han transformado con el nuevo siglo, pero se han construido, como expresiones peculiares de Occidente, cual ideal occidental al que se remiten los pueblos desarrollados. Hoy Occidente se ha convertido casi en un símbolo, en un concepto, un principio en el cual se reúnen la herencia de un Renacimiento, entendido en sentido libertino con la fascinación por la vida francesa expresada en formas artísticas, pero también con las doctrinas banales del iluminismo inglés resuelto en un brutal imperialismo.

Totalmente diferente es, por el contrario, el concepto de libertad que tenemos en Alemania, donde la herencia del Renacimiento fue asumida en una línea que desembocó de Calvino en Rousseau, pero de desde Lutero se completó en Kant: una necesidad de libertad fundada sobre el elemento sensible del hombre, que ahora desemboca en instintos revolucionarios, ahora se resuelve en intuiciones impresionistas, se funde con los derechos y las prerrogativas políticas de un sistema societario (Francia e Inglaterra) que con el pretexto de dar a todos lo mismo, en realidad toma de cada uno lo suyo.

Este Occidente que los franceses presentan de forma estética e intelectual, y los ingleses de forma científica y estatalista, se trata del occidentalismo como ideología. Ambos países se desarrollaron casi en contra de la religión originaria (en Francia se dirige contra la jerarquía católica para afirmar los principios de libertad, igualdad y fraternidad. En Inglaterra se impone, contra los valores del puritanismo, las tradiciones nacionales de la explotación y la hipocresía) muestra cómo en él se mezclan de forma seductora y engañosa espiritualidad temeraria y pedante, espíritu de aventura y espíritu comercial pirata, unido, no obstante, a un particular sentido del estado heredado de la Tradición.

El mismo Occidente ha comprendido la peligrosidad del occidentalismo y ha experimentado en la piel de los propios pueblos, que las ideas y los ideales de Occidente, no los aprovecharon en la conducción del estado, sino que más bien lo dañaban.

Las ideas de Occidente no han superado la prueba política: ha sido comprobado estadísticamente, con cifras, escalas y proporciones, aunque las consecuencias del occidentalismo fueron asociadas a la disminución de la población francesa o a la del comercio británico.

Por esto los pueblos occidentales buscaron, cada uno a su modo, obviar estas consecuencias: los ingleses ya desde finales del precedente siglo, cuando después de haber explotado al pueblo, no podían volver de la explosión industrial a una economía agraria, produjeron la ficción liberal y pasaron a la brutalidad imperialista. Los franceses, poco antes de la Guerra Mundial, buscaron hacerlo con el retorno de la juventud a la tradición monárquica y a una religiosidad neo-católica, así como con la apelación, casi un grito, a la fecundidad de la tierra francesa; seguidamente, en medio de la guerra, a través de la desesperada tentativa de hacer una moda de la maternidad, una diosa tardía que, a modo de moderna Juana de Arco, todavía podía salvar a Francia.

Pero estos movimientos de oposición no podían detener el necesario curso de los acontecimientos, porque son artificiales, no naturales, no daban esperanzas al pueblo, no tenían perspectivas; ya que en Francia provenían de la literatura, en Inglaterra del cálculo económico.

Sin embargo Occidente y su fuerza son una realidad concreta en el mundo.

También nosotros en cuanto alemanes somos occidentales, al menos por una parte de nuestro carácter, y no solo porque, como estado, estemos situados en Occidente, sino también porque algunos problemas del mundo occidental, así como algunos de sus ideales, nos pertenecen.

Debemos saber que Occidente nos implica en su destino, que lo lleva a la decadencia, que con su sistema contradictorio, en el cual se mezclan ideas trasnochadas y una corrupción siempre más manifiesta, ha hecho de cada pueblo un pueblo occidental.

De este destino occidental nos podemos proteger con un corte limpio, separándonos de este espíritu occidental.

El siglo XX, desde el punto de vista espiritual, se fundará sobre otras bases: volverá a imponerse desde sus bases clásicas, críticas, espirituales, no psicológicas sino caracteriológicas, rasgos que la Alemania del siglo XIX ya poseía, pero que abandonó en el romanticismo y del cual la ciencia natural se alejó definitivamente.

Por tanto, el siglo XX no negará lo llevado por el siglo XIX, sino que perderá su dependencia de aquel alejandrinismo que nunca ha sido más peligroso que teniendo en su poder al espíritu occidental, y lo unirá en la única idea de la propia vida real, presente, que como consecuencia de un determinado siglo, se alimentaron de las ideas eternas.

El siglo XX asumirá toda la filosofía que una vez escogió en torno a Kant y que concluye en él: pondrá en relación a Schopenhauer, Hegel y Nietzsche, hoy vistos solamente como sistemas separados, para armonizar sus personalidades. Se transformará también la espiritualidad occidental; cada una de sus expresiones tendrá su justa colocación: Comte al principio, Bergson al final del siglo XIX. Se reajustarán los valores correctos, se distinguirá quién es la piedra fundadora del desarrollo espiritual, como Kant quien fue solamente un filósofo de estructura, un exegeta.

El siglo XIX tuvo un carácter impresionista: el XX será expresionista, así como ha sido la guerra que ha determinado la catástrofe. Ésta, con la estrategia, la táctica y la técnica, expresiones de su conducción moderna, es un fenómeno moderno.

V   MIRANDO HACIA EL ESTE

«Der Tag», 3/4/1918

L A Guerra Mundial ha tenido inicio con la política y termina con la historia.

Ésta ha disfrutado más de aquel antiguo equilibrio entre los estados, que de una diplomacia acostumbrada a la correcta repartición de las fuerzas en el campo, para lo cual contaría con voluntarios hasta el infinito. La guerra crea un nuevo equilibrio que concierne al consumo, habiendo producido profundas transformaciones en los valores en aquellos pueblos que las han vivido.

La guerra rompe aquellos acercamientos con los cuales se reprimía, se impedía el derecho a la vida y el movimiento a las naciones emergentes. Plantea alianzas antinaturales y sustituye agrupamientos consolidados con la construcción de nuevas comunidades espirituales y económicas.

Así la guerra acorta los tiempos. Así abre el espacio. Así revela el siguiente escenario de la historia y establece una transformación en la vida de los pueblos que corresponde al mutado equilibrio de fuerzas, que ahora inequívocamente se mueven de Occidente a Oriente.

La separación de Occidente había sido pre-anunciada desde hace mucho tiempo. En Occidente los pueblos decaen, en Oriente mantienen sus fuerzas inalteradas. La guerra ha determinado un gran desequilibrio entre un Occidente que la ha vivido y un Oriente que ahora quiere vivirla.

Occidente y el occidentalismo son un destino que se refiere a cada pueblo. En estos conceptos se ocultan los engaños del iluminismo: De una razón que aleja al hombre de su estado natural y lo coloca en una realidad utilitarista, de hecho pura expresión de egoísmo: de un sistema social que vive solo en la materia y se desenvuelve solo en el materialismo: de una democracia privada de participación popular y una explotación de las masas en sentido comercial e industrial. Pero ha llegado el momento esperado desde hace un tiempo: de ahora en adelante se debe volver al movimiento en sí, si no se quiere destruir la vida venidera.

La misión europea de los alemanes será mantener un equilibrio de fuerzas y mediar entre las oposiciones de trabajo y explotación, de agotamiento y no agotamiento, de Occidente y Oriente.

En estas oposiciones no hacen otra cosa que repetirse los polos eternos y épicos del ideal industrial y aquel rural, que forman parte de nuestro mismo ser. También nosotros, colocados entre Occidente y Oriente, pertenecemos, por un lado, a Occidente, y, por otro lado, a Oriente: somos orientales para Occidente, occidentales para Oriente. Podemos, con absoluta certeza, si queremos asumir nuestra tarea, representar nuestro futuro no como totalmente industrial, ni solamente agrario.

Occidente es importante por su capacidad de resistir: mediante tal capacidad, mediante la técnica, la organización y la mecanización, hemos podido conducir la guerra hacia su epílogo. Por el contrario, Oriente es importante por su fuerza vital: de ésta depende el crecimiento de la nación.

Y no se puede tener capacidad para resistir largamente sin la fuerza vital, en la cual Oriente tiene mayor peso que Occidente. También por este motivo no podemos hacer nada más político, en el sentido total de la palabra, que acercarnos a Oriente.

La guerra misma empuja siempre en la dirección en la cual su curva estratégica coincide con aquella de la historia del mundo.

Ésta se originó en base a contrastes, en los cuales, Alemania estaba involucrada en el ámbito occidental; por lo demás la más reciente historia del país ha estado caracterizada por tales contrastes.

Pero permanece más profundo el contraste con Oriente, que había caracterizado ya a nuestra historia en tiempos medievales. En tal sentido Tannenberg fue la batalla decisiva combatida en el curso interno de la guerra, en la cual Hindenburg constituyó la figura central. Todo lo demás fue simple consecuencia. Las únicas grandes preocupaciones parecían limitarse a crear tiempo y espacio para completar el desarrollo en Oriente. En situaciones ulteriores, Bélgica servía al desarrollo de todo aquello que acontecía en el Este estratégica y políticamente: sirvió a la revolución rusa.

Cuando finalizó la guerra Oriente era un dogma que se llamaba Rusia. Este dogma debía ser destruido si queríamos eliminar aquellos problemas que Rusia no podía resolver. Rusia era demasiado grande para Rusia. Y Alemania era demasiado pequeña para Europa.

En esta ambigua relación espacial, a la que correspondía una desproporción entre las fuerzas, se encontraba el motivo profundo que condujo a la destrucción del dogma. Pero Rusia no fue derrotada, solo el elemento occidental que se encontraba también en Rusia y que aquí, alrededor de Alemania, buscaba conectarse a Francia o a Inglaterra. Fueron vencidos, aquellos laicos que habían asumido la herencia de Pedro el Grande: los últimos Romanov, quienes podían mantener en pie como sistema aquello que una vez fue fundado sobre su persona, jugando con un imperio sin ser emperadores: los liberales rusos pretendían rendir a la Rusia europea antes de que aquello fuese posible; y finalmente los comunistas rusos, que habían asimilado de la Europa industrial su doctrina socialista, aparecieron como los intelectuales puros ante la realidad agraria del Este. También Rusia quería llegar a ser Europa. Pero aquello era avanzarse a los tiempos y un error en lo que concierne al espacio, si la europeización no siguió la dirección del desarrollo que empujaba lentamente desde el Este hacia el Oeste, pero sí se afirmó justamente en el centro de Rusia, de aquella Gran Rusia cuya tendencia no estaba expresada en el trabajo pero sí en el dominio, en la expansión hacia Asia y la colonización de Siberia. Igualmente el imperialismo ruso pensó en dirigirse hacia Occidente: el dominio sobre Constantinopla, el ataque a Trieste, la ocupación de Narvik y finalmente el control de una vía hacia Copenhague era un fin velado de la política imperialista de San Petersburgo, de carácter religioso y paneslavo. Pero he aquí que esta expansión asumía una dirección opuesta: como la primera Rusia se había revuelto contra occidente, cuando ahora volvía a dirigirse hacia Oriente.

De todos modos Rusia queda como tal. Rusia se diferencia de Alemania en el carácter: al imperativo categórico que se impone al hombre, se contrapone el imperativo de los sentidos que caracteriza a los eslavos. La guerra ha mostrado cómo estas diferencias operan en el campo político, una guerra en la cual, el hombre concreto ha vencido y el pasional ha perdido. Pero lentamente, el trabajo intensivo que tuvo inicio en Occidente con la cultivación intensiva de la tierra tenderá a suplantar aquel sistema extensivo de vida al que se está acostumbrado en el Este. Y por aquella espiritualidad extensiva que tiene que ver con el mito, con la mística o con la metafísica y no con la *skepsis*, por una visión espiritual como es la gran poesía humana de Oriente y no por aquella observación científica que se expresa en el arte burgués de Occidente. Estamos ahora, como antes, vinculados a Rusia.

La amplitud de este Oriente es ciertamente mayor que la representada por Rusia. Comprende las amplias depresiones europeas. Se extiende desde Escandinavia al norte, hacia el Cáucaso y más allá de los Urales. La mágica luz del Ártico irrumpe sobre Finlandia y desde Ucrania se eleva la lírica oscuridad del sur. Los pueblos fineses y eslavos pertenecen a este territorio. Del luteranismo del Báltico hacia el islamismo del Mar Caspio, las confesiones europeas como las orientales circundan la ortodoxia eslava.

El pueblo ruso está, desde hace mucho tiempo, acostumbrado a una presión interna del elemento eslavo, que ya una vez determinó el movimiento de Kiev a Moscú y de Moscú a San Petersburgo. Hoy este elemento retorna a los orígenes, a aquel punto en el cual su destino conduce por nuevas vías a los pueblos de la *Mitteleuropa*, que ahora sigue de sur-este y no de norte-este. El pensamiento de Pedro el Grande está unido a las consecuencias que el emperador no señaló. La Gran Rusia está sola. Pero aquí, al fin el campesino ruso de Tolstoi se encontrará con la tierra rusa de Tolstoi. Dostoievski mostró el sentido fantástico del ruso, con una aceptación que suena como a renuncia al presente: la historia y la doctrina del futuro. Rusia podrá recuperar en el interior de aquella tierra rusa perdida en el exterior, de forma política, y lo podrá hacer de forma mesiánica, apocalíptica, en la crisis de su revolución. Tal vez se hará realidad también el sentido político de la palabra de Pedro el Grande, tan incómoda y sin embargo tan justa: Rusia no es ni Asia ni Europa, solamente Rusia.

Sobre el autor

Figura 1: Arthur Moeller van den Bruck

ARTHUR Moeller van den Bruck nació en Solingen, Westfalia, el 23 de abril de 1876. Su padre, Ottomar Víctor Moeller, era arquitecto y funcionario dentro de la administración del Estado prusiano, posteriormente, en los últimos años de la gestación del moderno Estado alemán, había estado integrado dentro del ejército prusiano cumpliendo tareas funcionariales, entre 1866 y 1870, de modo que fue testigo y partícipe directo en los acontecimientos que precedieron a la fundación del II Reich alemán de Guillermo II. Posteriormente, el progenitor acabaría instalándose en Solingen, donde también intervendría en el diseño de una prisión, y acabaría formando parte de la élite funcionarial del lugar. Siendo, como era, un hombre de cualificación profesional y una formación intelectual sólida, influiría notablemente sobre la formación del hijo, dotándolo de un especial interés en la obra de Schopenhauer. No en vano el nombre de pila de nuestro autor, Arthur, estaba directamente relacionado con el filósofo alemán.

La madre de Van den Bruck pertenecía a una familia renana de origen holandés y español, que, como en el caso del padre, también procedía de una familia bien colocada socialmente, relacionada con el funcionariado estatal. Los primeros años de Moeller, especialmente a partir de su adolescencia, nos es descrito como un joven idealista, con tendencia a la melancolía y escasamente disciplinado para los estudios. Sin embargo, su carácter apasionado y vitalista le hizo estar siempre en conexión con los hechos y aconteceres de su tiempo y participar en polémicas y debates, siempre bajo la influencia de las lecturas de Nietzsche. Su carácter condicionó notablemente el desarrollo de su educación, así como sus viajes a Berlín, París o por distintos puntos de la geografía italiana, donde pese a matricularse en diversas universidades su formación fue prácticamente autodidacta. Esto también le permitió entrar en contacto con diversas personalidades de la élite cultural de la época, especialmente en los ambientes de vanguardia, cafés literarios u otros entornos relacionados con la bohemia del momento.

En 1897 Moeller contraería matrimonio con Hedda Masse, con quien mantendría una vida en común hasta el año 1904. Durante estos años, en los que además de verse imbuido en los ambientes literarios e intelectuales más importantes, tuvo que ganarse la vida mediante las traducciones de autores clásicos como Edgar Allan Poe entre muchos otros, al tiempo que devoraba cantidades ingentes de libros, los cuales acabarían forjando sus ideas en lo sucesivo, especialmente en lo que se refiere al nacionalismo y la regeneración de Alemania. Al margen de los ensayos literarios y de crítica artística que publicó durante los primeros años del siglo, conviene destacar la publicación de «Los alemanes», obra que desarrollará entre 1904 y 1910, dedicada a un conjunto de alemanes ilustres y que ocupará un total de ocho volúmenes. De su experiencia italiana también nacerá otra obra: «La belleza italiana» publicada en 1913.

Entre 1902 y 1914 Moeller se dedicará a recorrer Europa en una serie de viajes que además de Francia e Italia le llevarán también a Inglaterra, Rusia y los países escandinavos, lo que le ayudará a configurar su pensamiento político y la visión de Europa. Además estas experiencias le servirán para afianzar la influencia de autores como Dostoievsky, al que tradujo y del que asumió sus visiones antiliberales. En 1916 publica «El estilo prusiano», obra en la que, apoyándose en el arte y la arquitectura, desarrolla un análisis del prusianismo como cosmovisión, como la expresión eterna de unos ideales. Durante ese mismo año Moeller se alista en el ejército alemán. Estamos en plena guerra, y tras una breve estancia en el frente del Este acaba siendo reclutado para el servicio de propaganda creado por el general Erich Ludendorff. Posteriormente en 1918 acabaría formando parte del Departamento Militar del Ministerio de Asuntos Exteriores y, finalmente, del Departamento de Asuntos Exteriores del Mando Supremo del Ejército. Su integración en estas instancias le permitiría forjar una serie de contactos, especialmente a nivel político, que darían sus frutos en mayo de 1919 con la fundación del *Front der Jugen* (Frente de la Juventud) donde se agruparon una serie de jóvenes regresados de las trincheras. La fundación de este grupo correspondió a Moeller junto a dos figuras políticas del momento como eran Eduard Stadler y el barón Heinrich Von Gleichen-Rüssurn, dos personajes movidos por ideas nacionalistas, conservadoras y antibolcheviques. En junio de 1919, y tras la firma del Tratado de Versalles, el círculo cambiaría de nombre para rebautizarse como el *Juni-Klub* (Club de Junio). El órgano de expresión de este círculo fue la revista *Gewigen*, donde concurrieron multitud de autores con el propósito común de oponerse, fundamentalmente, a la naciente república de Weimar, al liberalismo y a la situación de injusticia, descontento y humillación generada por el Tratado de paz en Versalles.

Hasta 1924, fecha en la cual Moeller van den Bruck enferma, la producción intelectual y crítica del *Juni-Klub* y el activismo fervoroso de sus integrantes genera un gran número de publicaciones y atrae la financiación de círculos empresariales e industriales vinculados al nacionalismo. En ese intervalo de tiempo tiene lugar el putsch de Múnich y una toma de contacto tangencial con el NS-DAP y Hitler, que pese a la voluntad de éste último de encarnar la concreción práctica de los ideales expresados por el *Juni-Klub*, no obtuvo ningún tipo de respuesta recíproca, sino que más bien sería objeto de rechazo por parte de éste, comenzando por Moeller, aunque no fuera el más radical de los integrantes en ese sentido.

Un año antes de su declive, en 1923, tendría lugar la publicación de «El Tercer Reich», su obra cumbre y fundamental, la que presentamos a continuación. Su valor estriba en la capacidad de asumir, tanto a nivel ideológico, como terminológico, el testimonio de la generación alemana inmediatamente posterior a la Gran Guerra, el cierre de un ciclo y la posibilidad de abrir uno nuevo. Anhelos y deseos que toman forma a través de una obra de profundo espíritu crítico que proporcionará instrumentos ideológicos, conceptuales y espirituales a la naciente Revolución Conservadora alemana.

Finalmente, en 1925, aquejado por una crisis nerviosa y con importantes problemas económicos y financieros, decide poner fin a su vida.

Atribuciones de las imágenes

Hipérbola Janus

www.hiperbolajanus.com